T0153788

DE LA CONDUITE
DE L'ENTENDEMENT

BIBLIOTHÈQUE DES TEXTES PHILOSOPHIQUES

Fondateur H. GOUHIER   Directeur J.-F. COURTINE

JOHN LOCKE

DE LA CONDUITE
DE L'ENTENDEMENT

Introduction, traduction et notes
par
Yves MICHAUD

Deuxième édition revue

PARIS

LIBRAIRIE PHILOSOPHIQUE J. VRIN

6, Place de la Sorbonne, V ͤ

2008

© *Librairie Philosophique J. VRIN,* 1975
2008 *pour la présente édition*
Imprimé en France

ISBN 978-2-7116-0502-6

www.vrin.fr

INTRODUCTION

On sait par une lettre de Locke à Molyneux à quel moment le texte *De la Conduite de l'Entendement* fut rédigé. Il s'agit d'une lettre du 10 avril 1697, qui contient le passage suivant :

> J'ai eu récemment un peu de loisirs pour penser à quelques additions à mon livre en vue de la nouvelle édition, et ces derniers jours se sont passés sur un sujet dont je ne sais pas jusqu'où il me mènera. J'ai écrit plusieurs pages mais, plus je vais, plus la matière s'offre à moi et je n'entrevois aucune fin. Le titre du chapitre sera *De la Conduite de l'Entendement*, et ce chapitre, si je le mène aussi loin que je crois qu'il mène et aussi loin qu'il le mérite, sera, à mon avis, le plus long des chapitres de l'*Essai*.

L'édition de l'*Essai Philosophique sur l'Entendement Humain*, dont il est ainsi question, est la quatrième édition, qui devait paraître en 1699. Le texte que nous présentons sous le titre retenu déjà par Locke devait donc constituer un chapitre de son œuvre principale, l'*Essai* et Locke l'avait entrepris dans la perspective d'un de ces ajouts dont il était coutumier. Mais, pour des raisons éclaircies plus loin, Locke n'acheva pas son travail et la quatrième édition de l'*Essai* parut sans ce long chapitre.

De la Conduite de l'Entendement ne fut publié pour la première fois que dans un volume d'œuvres posthumes, en 1706[1]. Ce recueil contient plusieurs textes dont voici la liste :

1) *Of the Conduct of the Understanding* (notre texte donc) ;

2) *An Examination of P. Malebranche's Opinion of Seeing All Things in God* (Examen de la théorie malebranchiste de la vision en Dieu) ;

3) *A Discourse of Miracle* (Sur les miracles) ;

4) *Part of a fourth Letter for Toleration* (Fragment d'une quatrième lettre sur la Tolérance) ;

5) *Memoirs relating to the life of Anthony, first Earl of Shaftesbury* (Souvenirs concernant le comte de Shaftesbury, qui fut le protecteur et l'ami de Locke) ;

6) *His new method of a Commonplace Book, written originally in French and now translated into English* (Méthode pour rédiger les journaux et prendre des notes).

On va voir que cette longue liste n'est pas complètement inutile. Il semble raisonnable de penser que l'éditeur de ces textes fut Peter King[2]. Dans l'*Avertissement au Lecteur*, ce dernier fait état du caractère inachevé de ces textes. Mais on sait par ailleurs qu'il tenait de Locke lui-même des justifications précises pour les faire paraître et qu'il était ainsi fidèle à ses intentions. En effet, dans une de ses dernières lettres, adressée justement à P. King, Locke aborde la question de certains de ses écrits non publiés. La lettre a été commencée le 4 octobre 1704 et envoyée le 25 octobre, c'est-à-dire deux jours avant la mort du philosophe. Locke s'y dit persuadé que son

---

1. Chez A. et J. Churchill, at the Black Swan at Pater-Noster Row, London.

2. P. King était un petit-fils de Peter Locke, qui lui-même était l'oncle de John Locke. P. King était donc un jeune cousin du philosophe. Assez doué, il avait été pris en affection par ce dernier et sur son conseil était allé étudier le droit à Leyde. Fils d'un épicier d'Exeter, P. King devait devenir Lord Chancellor, c'est-à-dire président de la Chambre des Lords, chef de la magistrature royale et ministre de la Justice. La famille des King, comtes de Lovelace, devait conserver la plupart des inédits de Locke jusqu'en 1948.

cousin exécutera tout à fait fidèlement ses dernières volontés, mais il précise qu'il ne peut que se reposer sur lui pour les choses qui ne peuvent être inscrites dans un écrit aussi solennel et public que l'est un testament. Et Locke ajoute que l'on trouvera parmi ses papiers « plusieurs sujets proposés à ses pensées, qui ne sont pas beaucoup plus que des vues momentanées (*extemporary*), jetées sur le papier de manière soudaine et imparfaite ». Son intention était bien de les réviser et de les réexaminer ensuite mais « par la faute des affaires ou de recherches plus importantes », elles ont été mises de côté et négligées, jusqu'à être tout à fait oubliées. Locke inclut dans sa liste les *Remarques sur Malebranche* (n° 2 de la liste ci-dessus), le *Discours sur les Miracles* (n° 3), les *Paraphrases des Epîtres de saint Paul* – qui paraîtront entre 1705 et 1707 –, quelques remarques de Physique et *De la Conduite de l'Entendement*. Il n'est, dit Locke, pas indispensable de publier les remarques sur Malebranche, malgré la valeur qu'il leur accorde, parce que l'opinion de Malebranche ne risque pas d'avoir de retentissement et donc de faire du mal. Mais Locke affirme qu'il peut être bon en revanche, de publier le reste, si on y fait certaines modifications et si les personnes qui en prendraient connaissance le jugent intéressant. Du texte qui nous concerne Locke écrit dans cette lettre :

> À propos de *La Conduite de l'Entendement*, j'ai toujours pensé depuis que ce sujet m'est venu à l'esprit que c'était un sujet tout à fait digne de considération. Ce que j'ai fait est fort éloigné d'un traité convenable ; mais les remarques particulières qui me sont venues à l'esprit et que j'ai mises sur le papier sont, je crois, suffisantes pour faire voir aux hommes certaines fautes dans la conduite de leur entendement et leur faire suspecter qu'il peut y en avoir d'autres. Aussi pouvez-vous procéder comme il vous semblera bon. Car peut-être ceci poussera-t-il les autres à mener plus loin la recherche en ce domaine et à en traiter plus complètement que je l'ai fait. Mais les rubriques et chapitres doivent être réduits et mis en ordre.

Les choses sont dès lors plus claires : *De la Conduite de l'Entendement* est un texte latéral par rapport à l'*Essai*, écrit très rapidement, au fil de la plume ainsi que Locke avait coutume de faire, où ne manquent ni les répétitions ni les longueurs et qui doit son inachèvement à l'interférence d'autres activités et préoccupations. Au demeurant l'éditeur n'a ni réduit ni ordonné les chapitres et rubriques.

Quant à ces autres activités et préoccupations, elles ne sont point un simple prétexte et on peut préciser quelles elles furent. En premier lieu, il est vrai que Locke à ce moment fut beaucoup occupé par les affaires. En décembre 1695, Locke avait été choisi par Guillaume III pour être Commissioner for Trade, c'est-à-dire membre du Board of Trade, c'est-à-dire encore membre du Conseil du Commerce, chargé par le roi de promouvoir le commerce du Royaume et de développer les plantations et colonies, entre autres en Amérique. Locke, dont la santé ne fut jamais très solide, fut ainsi lourdement occupé à partir de l'installation officielle de ce Conseil, en mai 1696. Il s'en retirera officiellement en mai 1700, après plusieurs absences pour raison de santé en 1699. Ce Conseil se réunissait trois fois par semaine pour des séances longues et demandant une longue préparation[1]. C'est donc bien en partie par la faute des affaires que Locke n'acheva pas *De la Conduite de l'Entendement*.

Mais il y a aussi la part des « recherches plus importantes ». C'est en effet en 1696 qu'Edward Stillingfleet, évêque de Worcester, publia son ouvrage *A Discourse in Vindication of the Trinity* (un discours pour défendre la Trinité). Locke y était accusé de socinianisme, et ce, sur la base de l'*Essai* lui-même et non point du seul *Christianisme Raisonnable* que Locke avait publié anonymement. L'attaque lockienne contre la substance – ce « je ne sais quoi » qui, ainsi que tous les « je ne sais quoi », devrait être examiné « je ne sais quand », comme dit notre texte – était décidément trop forte pour l'homme d'Église. Et c'est ainsi que Locke eut d'autres sujets de préoccupation. Au printemps de 1697 parut la première *Lettre à Stillingfleet*. Mais ce dernier, comme on le sait, répliqua dès le mois de mai. Ce qui attira une deuxième réponse de Locke dans le courant de 1697. Il y eut

1. *Cf.* M. Cranston, *Joch Locke, a Biography*, London, Longmans, 1957, p. 406 *sq.*

encore une réponse de Stillingfleet qui suscita une troisième réponse de Locke, cette fois un peu moins flegmatique peut-être, qui parut en 1699. On peut préciser pour la petite histoire que si Stillingfleet ne poursuivit pas l'échange ce n'est point parce que s'estimant vaincu mais parce qu'il mourut. On peut donc conjecturer qu'en 1697, après en avoir terminé avec sa première lettre à Stillingfleet (datée qu'elle est du 7 janvier 1697) Locke s'occupa d'écrire *De la Conduite de l'Entendement*, mais la réponse de Stillingfleet, mêlant son effet aux occupations professionnelles, vint interrompre ce travail. Il était évidemment plus important de bien conduire *in concreto* son entendement – surtout en théologie comme Locke ne cesse de le répéter – que de faire la théorie de cette bonne conduite.

Tels sont les renseignements historiques qui permettent de situer le texte. Le lecteur sera certainement conduit à comparer le texte de Locke avec d'autres textes concernant la théorie de la méthode, l'art de penser et la logique. Il serait trop long d'aborder la question des lectures de Locke, pour la raison que celles-ci étaient remarquablement étendues et diverses. Le seul catalogue de la bibliothèque personnelle de Locke – sans compter celles auxquelles il eut accès durant ses séjours sur le Continent – suffit à le montrer[1]. À titre d'indication sommaire on peut dire en tout cas que Locke connaissait bien Descartes, Montaigne, Bacon, Pascal, Arnauld et Nicole, outre les auteurs classiques et la scolastique médiévale.

Note sur la présente édition

Le texte a été traduit à partir de la réédition en dix volumes chez Tegg, Sharpe, Offor, Robinson et autres, en 1823, à Londres, des *Œuvres Complètes* de Locke. *Of The Conduct of The Understanding* se trouve au tome III, p. 203 à 289.

---

1. J. Harrison, P. Lasslett, *The Library of John Locke*, Oxford, Oxford Bibliographical Society, 1965.

Pour éviter les redites à propos d'un texte où Locke, comme à son habitude, ne s'embarrasse pas de concision, nous avons articulé les éclaircissements autour d'un certain nombre de notes principales auxquelles d'autres éventuellement renvoient. La fréquence des références à l'*Essai Philosophique concernant l'Entendement Humain* et aux *Pensées sur l'Éducation* nous a conduit à adopter les abréviations respectives suivantes : *Essai*, *Éducation*. Pour l'*Essai*, les trois chiffres de chaque référence indiquent respectivement le livre, le chapitre, la section ; ainsi *Essai*, 3-3-1, renvoie au livre III, chapitre 3, section 1.

Les renvois aux *Œuvres complètes* de Locke mentionnent *Works* suivi de l'indication du tome et de celle de la page. Nous avons suivi l'édition *The Works of John Locke*, 10 vol., London, Th. Tegg, W. Sharpe and son and others, 1823.

Pour certains textes de Locke on a renvoyé à *The life of J. Locke, with extracts front his Correspondence, Journals and Common-place Books* by Lord King, 2 vol., London, 1830, en indiquant simplement *Lord King*.

Yves MICHAUD

DE LA CONDUITE DE L'ENTENDEMENT

Quid tam temerarium tamque indignum sapientis gravitate atque constantia, quam aut falsum sentire, aut quam non satis explorate perceptum sit, et cognitum, sine ulla dubitatione defendere.
Cicéron (*De Natura Deorum*, 1-1-1) *

§ 1. INTRODUCTION

Le dernier recours d'un homme pour se déterminer est son entendement. Car, quoique l'on distingue les facultés[1] de l'esprit et que l'on accorde l'empire suprême à la

---

* « Qu'y a-t-il de si inconsidéré et de si indigne de la fermeté et de la constance du sage que de juger faux ou de défendre sans l'ombre d'un doute ce qui n'a été ni perçu ni connu assez à fond ? ».

1. L'entendement (*Understanding*) et la volonté (*will*) sont pour Locke deux pouvoirs (*powers*) : *Essai*, 2-21-6. L'entendement est le pouvoir de percevoir, la volonté le pouvoir de préférer. Locke reconnaît qu'on parle couramment à leur propos de deux *facultés* ; mais cette notion ne lui semble acceptable que si on lui ôte toute référence à des agents réels : il n'y a pas d'agents distincts en nous. C'est l'homme seul qui est agent. Les pouvoirs sont des relations et non des agents et seul l'esprit peut être dit exercer des pouvoirs. Aussi doit-on exclure toutes les expressions ambiguës où il est dit que la volonté veut, que la volonté est libre, qu'elle commande, etc. De telles expressions ne font rien que rappor-

volonté comme si elle était un agent, pourtant l'homme, qui est le véritable agent, se détermine lui-même à telle ou telle action volontaire d'après quelque connaissance ou apparence de connaissance préalable qui est dans son entendement. Personne ne s'engage à une action sans avoir une opinion ou une autre qui serve de raison à ce qu'il fait et quelques facultés qu'on emploie, l'entendement avec la sorte de lumière qu'il a, bien ou mal informé, dirige toujours[2]. C'est par cette lumière, vraie ou fausse, que ses puissances actives sont dirigées. La volonté elle-même, quelque absolue et indépendante qu'on la pense, ne manque jamais d'obéir aux décisions de l'entendement. Les temples ont leurs images sacrées et nous voyons quelle influence elles ont toujours eue sur une grande partie de l'humanité. Mais à la vérité les idées et images dans l'esprit des hommes sont les puissances invisibles qui les gouvernent constamment et c'est à elles que tous universellement se

ter des pouvoirs à des pouvoirs et elles sont donc aussi absurdes que les expressions de faculté dansante, marchante, chantante, etc., *Essai*, 2-21-15 à 20.

2. Dans l'*Essai*, 2-21-17, Locke dit que les actions de choisir et de percevoir sont seulement des modes de la pensée ; entendement et volonté sont des pouvoirs d'un agent pensant. C'est par rapport à cette caractérisation de l'agent humain comme pensant que Locke attribue ici le primat à l'entendement. Penser (*thinking*) consiste à appréhender les actions de l'esprit (*Essai*, 2-19-1) et il est dit que sentir, se souvenir, raisonner, juger, vouloir, etc., sont des modes de la pensée. Dans tous les cas, avec évidemment des modalités différentes, il s'agit de transactions avec des idées ; ce qui fait que la donnée primitive de la pensée est l'idée. Ou encore la perception de l'idée. Par un glissement naturel, on passe ainsi de penser à percevoir et l'entendement se voit donner le primat. En somme, les pouvoirs de l'esprit s'exercent sur des idées qu'il faut *d'abord avoir*. L'esprit commence dès qu'il a une idée : c'est là son seuil ; structuralement, le refus de toute innéité n'a pas d'autre sens que d'assurer ce seuil assignable et d'assurer ensuite son dépassement (toute idée se réfléchit). Tout ceci pour justifier l'affirmation de Locke : « Idées et images dans l'esprit des hommes sont les puissances invisibles qui les gouvernent ».

soumettent. Il est donc du plus haut intérêt que grand soin soit pris de l'entendement pour le conduire convenablement dans la recherche de la connaissance et dans les jugements qu'il fait.

La logique[3], aujourd'hui encore en usage, est depuis si longtemps installée dans les chaires comme le seul art enseigné dans les Écoles pour la direction de l'esprit dans l'étude des arts et des sciences, qu'il passerait pour une singularité affectée de suspecter d'être insuffisantes pour guider l'entendement des règles qui ont servi le monde cultivé pendant deux ou trois mille ans et auxquelles ce dernier est resté fidèle sans se plaindre de leurs défauts. Je ne doute pas qu'une telle entreprise serait taxée de vanité et de présomption si l'autorité du fameux chancelier Bacon de Verulam ne la justifiait.

3. Locke s'en prend plusieurs fois dans ce texte, comme il l'a fait tout au long de son œuvre, à la Logique et à la Rhétorique scolastiques. Il s'en prend aussi bien à la théorie de l'argumentation (sections 15, 44), qu'à l'argument *ad verecundiam* (section 24), à la manie de procéder par maximes (section 6) qu'à la prétention de posséder une méthode universelle (*ibid.*), sans oublier une charge vive contre les divisions et distinguos abusifs ou les *flatus vocis* prétentieux (section 29). Le fond de la critique lockienne est qu'il s'agit dans le meilleur des cas d'un vain formalisme (*Éducation*, sect. 188), dans le pire de roublardises non désintéressées. Vain formalisme puisqu'il ne permet en rien de découvrir, mais tout au plus d'exposer, dans un ordre contraire au cheminement de la pensée (*Essai*, 4-17). Locke reproche à la scolastique de penser que tous les raisonnements procèdent *ex praecognitis* et *praecottcessis* (*Essai*, 4-7-8), c'est-à-dire de principes évidents et tautologiques. De tels principes sont effectivement tautologiques: ils ne posent que des identités et ne sont que des propositions verbales et triviales. Quant à la méthode syllogistique, elle ne permet pas d'accomplir ce pas décisif de tout raisonnement qu'est la découverte des idées intermédiaires ou preuves (*cf.* note 18). La sagacité n'est pas remplacée par une méthode mécanique. Au fond, la scolastique remplace la recherche de la vérité par la satisfaction de mettre en échec les adversaires; ce qui ne s'accorde ni avec le but de la discussion (la vérité) ni avec… la politesse (*Éducation*, sect. 189). On verra que la position de Locke est en fait positivement soutenue par sa conception du savoir (*cf.* note 18).

Ce dernier, loin de penser servilement que le savoir ne pouvait être poussé plus loin qu'il l'était sous prétexte que depuis des siècles il ne l'avait pas été, ne s'arrêta pas à l'approbation et à la satisfaction paresseuses de ce qui était parce que c'était ainsi, mais élargit son esprit à ce qui pourrait être. Dans la préface de son *Novum Organum*, à propos de la logique, il s'exprime ainsi : «Ceux qui avaient une si haute opinion de la logique voyaient fort bien, et à juste titre, qu'il n'était pas prudent de se fier à l'entendement humain, tout seul, sans la protection de règles. Mais le remède n'atteignit pas le mal et en devint même une partie; car la logique qui s'installa, quoiqu'elle puisse réussir dans les affaires civiles et dans les arts qui consistent en conversations et opinions, reste fort pauvre en subtilité quand il s'agit des opérations réelles de la nature. Et en essayant d'attraper ce qui est hors de sa portée, elle sert plutôt à établir et confirmer l'erreur qu'à ouvrir un chemin vers la vérité ». C'est pourquoi il dit un peu après : « Il est absolument nécessaire de faire place à une utilisation et un emploi meilleurs et plus parfaits de l'esprit et de l'entendement »[4].

§ 2. DES TALENTS NATURELS

Il y a, c'est visible, une grande diversité d'entendements et leurs constitutions naturelles mettent une telle différence entre certains hommes que l'art ni l'industrie ne pourraient y remédier[5]; la nature de certains semble même manquer de

---

4. Bacon, *Novum Organum*, Instauratio magna – Praefatio *in The Works of Francis Bacon*, London, 1858, t. I, p. 129 et p. 130. Nous avons traduit la traduction que donne Locke du texte latin. Elle est au demeurant assez fidèle.

5. Locke insiste d'autant plus sur la diversité des constitutions naturelles qu'il entend ensuite montrer le rôle considérable de l'exercice et de l'habitude

cette fondation sur laquelle construire ce que les autres aisément réussissent. Parmi les hommes de même éducation, il y a une grande inégalité de talents. Les forêts de l'Amérique tout comme les écoles athéniennes produisent des hommes de capacités différentes de la même manière. Bien qu'il en soit ainsi, il me semble pourtant que la plupart des hommes restent très éloignés de ce qu'ils pourraient atteindre, chacun à leur niveau, parce qu'ils négligent leur entendement. Quelques règles de logique sont, pense-t-on, suffisantes à ceux qui aspirent au plus haut degré de perfection ; pourtant, il y a, je pense, de très nombreux défauts naturels de l'entendement qui sont curables ; on n'y prend pas garde et on les néglige complètement. On voit pourtant aisément que les hommes sont coupa-

---

dans le dépassement différentiel de ces constitutions naturelles données. Il y a donc une sorte de concession préalable qui permet ensuite de mieux soutenir l'importance de l'exercice. On trouve chez Locke deux séries d'affirmations opposées et finalement fort proches : d'une part Locke affirme que l'homme est une créature raisonnable, qu'il naît rationnel, et qu'à cet égard tous les hommes sont égaux (*Second Treatise on civil government*, chap. VI, sect. 61), mais, d'autre part, Locke reconnaît la diversité des constitutions naturelles, voire l'impossibilité de définir strictement ce qu'est l'humain, dont nous ne pouvons former que l'essence nominale et non l'essence réelle (*Essai*, 3-6-27). Même si on laisse de côté les difficultés posées par les phénomènes de monstruosité, l'exercice et les activités (*cf.* note 10) peuvent produire des différences remarquables ; même si tous les hommes naissent créatures raisonnables, il est patent que certains n'ont jamais la moindre occasion d'exercer et de développer leurs pouvoirs (*cf.* note 22). Ce qui fait qu'on peut dire avec R. Polin (*La politique morale de J. Locke*, Paris, PUF, 1960, p. 45), en termes d'une définition morale de l'homme, tenant compte de sa fonction obligée, que les hommes sont égaux. Mais on peut aussi bien et avec moins de bénignité dire que si tous sont appelés, peu sont élus et qu'il y a en fait des hommes qui n'ont guère l'occasion d'être des créatures raisonnables, ce qui fait qu'on peut alors parler avec C. B. Mac Pherson de rationalités différentielles (cf. *The Social Bearing of Locke's political Theory in Locke and Berkeley, a collection of critical essays*, Martin and Armstrong ed. McMillan pub., p. 214).

bles de très nombreuses fautes dans l'exercice et l'éducation de cette faculté de l'esprit, ce qui les empêche de faire des progrès et les maintient dans l'ignorance et l'erreur toute leur vie. C'est à quelques-uns de ces défauts que je prêterai attention dans la suite de ce discours en tentant de montrer leurs remèdes.

§ 3. DU RAISONNEMENT

Outre le manque d'idées déterminées, de sagacité et d'exercice dans la découverte et la mise en ordre d'idées intermédiaires[6], il y a trois défauts dans lesquels les hommes tombent quand il s'agit de leur raison, défauts qui empêchent cette faculté de leur rendre les services qu'elle pourrait et pour lesquels elle est faite. Qui réfléchit sur les actions et les discours de l'humanité trouvera que les défauts à cet égard sont très fréquents et très visibles.

1) Le premier est le défaut de ceux qui ne raisonnent pratiquement pas mais agissent et pensent d'après les exemples des autres, que ce soit parents, voisins, prêtres ou toute autre personne qu'il leur plaît de choisir et de croire, afin de s'épargner les fatigues et les embarras de penser et d'examiner par eux-mêmes.

2) Le second défaut est celui des hommes qui mettent la passion à la place de la raison et qui, résolus à ce qu'elle gouverne leurs actions et leurs arguments, n'utilisent pas leur raison ni ne veulent écouter celle des autres plus avant que ne le permettent leur humeur, leur intérêt ou leur parti. Ceux-ci,

---

6. Sur les idées, les mots, les exigences de détermination, *cf.* note 26; sur la sagacité, la découverte et la mise en ordre des idées intermédiaires dans les preuves, *cf.* note 18.

on peut l'observer, se contentent couramment de mots auxquels aucune idée distincte ne s'attache, bien que, dans d'autres domaines où, par indifférence, ils n'ont aucun préjugé, ils ne manquent pas d'aptitudes à raisonner juste et à entendre raison quand ils n'ont pas d'inclination secrète qui les rende intraitables.

3) Le troisième est le défaut de ceux qui suivent volontiers et sincèrement la raison, mais qui, manquant de ce qu'on peut appeler un bon sens sain, solide et étendu, n'ont pas une vision complète de tout ce qui se rattache à une question et peut avoir de l'importance pour la trancher. Nous avons tous la vue courte et nous ne voyons souvent qu'un côté du sujet. Nos vues ne s'étendent pas à tout ce qui s'y rapporte[7]. De ce défaut, je pense que personne n'est exempt. Nous ne voyons qu'en partie, nous ne connaissons qu'en partie, aussi n'est-il pas étonnant que nous ne concluions pas correctement sur des vues partielles. Ceci pourrait enseigner à l'homme le plus fier de ses talents combien il est utile de parler avec les autres et de les consulter, même quand ils lui sont inférieurs en capacité, vivacité et pénétration; puisqu'en effet personne ne voit tout et qu'en général nous avons des points de vue différents sur la même chose selon, si je puis dire, nos différentes positions par rapport à elle, il n'est pas incongru de se demander, ni déshonorant pour quiconque d'essayer de voir si un autre n'aurait pas des idées des choses qui lui ont échappé et dont sa raison ferait usage si elles lui venaient à l'esprit. La faculté de

---

7. L'origine des idées étant exclusivement empirique, il dépend de nous d'avoir beaucoup ou peu d'idées simples de sensation et de réflexion, ce qui permet à son tour de former plus ou moins d'idées complexes de substances, de modes, de relations. Le thème des vues partielles et de la partialité est plusieurs fois repris dans ce texte (sections 22, 24). Du point de vue simplement théorique, il est à rattacher à la notion d'idée complète ou incomplète (*adequata or inadequate fdeas. Essai*, 2-31).

raisonner trompe rarement ou même jamais ceux qui lui font confiance. Les conséquences tirées de ce qu'elle prend pour principes sont évidentes et certaines; mais ce qui le plus souvent, sinon toujours, nous induit en erreur est que les principes à partir desquels nous concluons, les fondements sur lesquels nous assurons nos raisonnements, ne sont qu'une partie et que nous oublions quelque chose qui devrait intervenir dans notre décompte pour le rendre juste et exact. À cet égard nous pouvons imaginer un avantage vaste et quasiment infini chez les anges et les esprits séparés de la matière par rapport à nous. Ceux-ci, chacun selon leur degré de supériorité par rapport à nous, sont peut-être doués de facultés plus étendues; et certains d'entre eux, peut-être, ayant des points de vue parfaits et exacts sur tous les êtres finis tombant sous leur examen, peuvent pour ainsi dire d'un coup d'œil, rassembler toutes leurs relations dispersées et presque innombrables[8]. Combien un esprit ayant une telle capacité a raison de faire confiance à la certitude de ses conclusions!

De cette manière nous pouvons comprendre pourquoi certains hommes d'étude et de pensée, qui raisonnent droitement et aiment la vérité ne font pas de grandes découvertes. L'erreur et la vérité sont confusément entremêlées dans leur esprit; leurs décisions sont boiteuses et défectueuses et ils s'égarent souvent dans leurs jugements. La raison en est qu'ils conversent certes, mais avec une seule sorte d'hommes, qu'ils lisent mais seulement une sorte de livres, qu'ils écoutent mais seulement une sorte d'idées : la vérité est qu'ils se cantonnent à un petit goshen[9] dans le monde intellectuel, où la lumière luit

8. *Cf.* note 7.
9. Il s'agit d'une province égyptienne que le Pharaon régnant assigna à Jacob et à ses fils (*Genèse*, 45, 10; 46, 28). Il s'agit de la région dite du Déversoir, assez riche et assez abondante.

et, en concluent-ils, le jour les bénit; mais ils abandonnent le reste de la vaste étendue à la nuit et aux ténèbres et évitent de s'en approcher. Ils ont un joli petit commerce avec des correspondants à eux dans une petite crique qu'ils connaissent; ils s'y confinent et savent avec habileté faire trafic des denrées et produits de ce petit coin, dont ils se contentent, mais ils n'iront pas s'aventurer sur le grand océan de la connaissance pour explorer les richesses que la nature a placées en d'autres lieux, richesses qui ne sont pas moins authentiques, pas moins solides, pas moins utiles que ce qui leur est échu comme part dans leur petit coin dont ils admirent la suffisante abondance et qui pour eux contient tout ce qu'il y a de bon dans l'univers. Ceux qui vivent ainsi reclus dans leur territoire rétréci, qui ne veulent pas regarder au-delà des frontières que le hasard, la fantaisie ou la paresse ont mises à leurs recherches mais qui restent à l'écart des idées, des discours et des réussites du reste de l'humanité, peuvent être à juste titre comparés aux habitants des îles Mariannes qui, coupés par une vaste étendue marine de tout rapport avec les régions habitées de la terre se croyaient les seuls hommes du monde. Bien que le peu de commodités de la vie à leur disposition ne fût pas même allé jusqu'à l'usage du feu que les Espagnols, il n'y a pas longtemps, leur apportèrent dans leurs voyages d'Acapulco à Manille, pourtant dans leur manque et leur ignorance de la plupart des choses, ils se considéraient (même après que les Espagnols leur eurent apporté la connaissance qu'il existait diverses nations avancées dans les sciences, les arts et les commodités de la vie qu'ils ignoraient) comme le peuple le plus heureux et le plus sage de la terre. Mais ce n'est pas pour cela, je pense, qu'on ira les prendre pour de grands physiciens, ou de solides métaphysiciens; ni que l'on ira croire que les plus vifs d'esprit parmi eux aient eu des vues bien étendues en morale ou en politique. Et personne non plus n'admettra que les plus capables d'entre eux étendent leur esprit au-delà de quelques petites choses à leur disposition dans leur île et les îles voisines. On admettra plutôt qu'ils sont assez loin de cette largeur de vue qui fait l'ornement d'un esprit dévoué à la vérité, aidé par les Belles-Lettres et par la liberté de conception que donnent la pluralité des points de vue et les avis des hommes qui réfléchissent. Que les hommes qui voudraient apercevoir ce que chacun prétend désirer voir, la vérité pleine et entière, n'aillent donc pas rétrécir ou aveugler leur propre perspective. Qu'ils n'aillent pas penser qu'il n'y a de vérité que dans les sciences qu'ils étudient ou les livres qu'ils lisent. Préjuger des idées d'autrui avant de les avoir examinées n'est pas montrer leur obscurité mais s'ôter la vue. « Essaie tout, retiens ce qui est bon » est un commandement divin venant du Père de Lumière et de Vérité. On voit difficilement de quelle autre manière les hommes peuvent parvenir à la vérité et la retenir, qu'en creusant et en la recherchant comme de l'or ou un trésor caché. Mais qui procède ainsi doit s'attendre à beaucoup de gangue et de déchets avant d'obtenir du métal pur : écume, cailloux lui sont en général mêlés. Mais l'or reste l'or et il enrichira toujours l'homme qui emploie ses efforts à le chercher et à l'isoler. Il n'y a pas de danger que du mélange le trompe. Chacun porte avec lui une pierre de touche, à condition qu'il s'en serve, pour distinguer le véritable or du clinquant, la vérité des apparences. L'usage et le bénéfice de cette pierre de touche, la raison naturelle, ne sont gâtés et gâchés que par les préjugés qu'on adopte, la présomption et le rétrécissement d'esprit. Et c'est le manque d'exercice, dans l'entier domaine de ce qui est intelligible, qui affaiblit et éteint cette noble faculté en nous [10]. Suivons les différents cas et vous verrez s'il n'en est pas ainsi. Le journalier dans un village n'a en général qu'un maigre bagage de connaissance parce que ses idées et notions ont été confinées aux bornes étroites d'une pauvre conversation et d'un pauvre travail. L'artisan d'une ville de province le dépasse déjà un peu. Les crocheteurs et savetiers d'une grande ville les surpassent encore tous deux. Un gentil-homme campagnard, après avoir abandonné le latin et la connaissance qu'on reçoit à l'Université, se retire sur son domaine, s'associe avec des voisins chantant la même chanson, qui ne se plaisent qu'à la chasse et à la bouteille. C'est avec eux seulement qu'il passe son temps, avec eux seulement qu'il parle, et il ne peut souffrir aucune compagnie dont la conversation dépasse ce que le vin et la paillardise inspirent. Un tel patriote, aussi bien formé, ne peut manquer, comme on le voit, de prononcer des décisions importantes au Tribunal et de donner des preuves éminentes de son habileté en politique,

---

10. Dans le domaine de l'entendement, comme dans celui du corps ou dans celui de l'apprentissage des techniques, l'exercice seul développe des pouvoirs d'abord simplement virtuels. L'usage (*custom*) «établit des habitudes de pensée dans l'entendement tout ainsi qu'il produit certaines déterminations de la volonté et certains mouvements dans le corps» (*Essai*, 2-33-6). Locke l'explique à partir d'une facilitation des traces, par quoi le mouvement devient aisé et naturel. Ceci vaut pour les mouvements (danseur de corde, musicien, ici sect. 4), pour le raisonnement (*ibid.*, sect. 6), pour la robustesse et la résistance physique (*Éducation*, sect. 7, 9, 11). L'absence d'exercice aboutit à l'atrophie des pouvoirs (ici, sect. 12). L'habitude dans son rapport à l'exercice et à l'usage s'oppose aux règles (*Éducation*, sect. 64 à 66; ici sect. 4, 41). Les règles sont des principes généraux coupés de l'application et confiés à la mémoire. Mais, seule, la pratique permet de voir si on comprend ce qu'il faut faire, si on est capable de refaire : elle induit un comportement ne reposant ni sur la mémoire ni sur la réflexion, et partant elle est source d'économie. Un des domaines d'élection des bonnes et des mauvaises habitudes est celui de l'association des idées (ici, sect. 30, 41, 45).

quand le poids de sa bourse et de son parti l'ont fait parvenir à une situation encore plus en vue. Par rapport à ce dernier, en vérité, un habitué de café citadin est un authentiques homme d'État, aussi supérieur qu'un courtisan l'est à propos de Whitehall et de la Cour à un boutiquier. Pour aller un peu plus loin, voici d'un côté un homme emmitouflé dans son zèle et la croyance en l'infaillibilité de sa secte, qui ne touchera un livre, ni n'acceptera de discuter quand sera mise en question une des choses qui pour lui sont sacrées. En voici un autre qui examine les différends religieux avec une équanimité calme et juste et qui trouve probablement qu'aucune secte n'est sans défaut : ces divisions et ces systèmes furent faits par des hommes et portent l'empreinte de la faillibilité. À l'égard des avis qu'il ne partage pas et envers lesquels il avait un préjugé général avant d'ouvrir les yeux, il admet qu'il y a plus à dire favorablement sur bien des points qu'il l'aurait imaginé avant d'être mieux au fait. Lequel de ces deux hommes alors est plus à même de juger correctement dans nos controverses religieuses et d'atteindre une plus grande vérité, ce qui est le but que nous recherchons tous. Tous ces hommes que j'ai donnés en exemple, ainsi inégalement riches en vérité et avancés en connaissance, je suppose qu'ils ont les mêmes talents naturels. Mais toute la différence qu'il y a entre eux tient aux différences d'étendue qu'il a été donné de parcourir à leur entendement pour réunir de l'information et se procurer des idées, des notions et des observations sur lesquelles employer leur esprit et former leur entendement.

On objectera peut-être : « Qui peut suffire à toutes ces choses ? ». Je réponds : plus d'hommes qu'on peut l'imaginer. Chacun connaît quelle est sa tâche propre et ce que le monde peut à juste titre attendre de lui selon l'honneur auquel il prétend [11]. Et dans la réponse à cette attente, il trouvera qu'il a assez de temps et d'opportunités pour s'enrichir l'esprit s'il ne se prive pas lui-même, par étroitesse d'esprit, des aides qu'il peut avoir à sa disposition. Je ne dis pas que pour être un bon géographe il faille visiter chaque montagne, rivière, promontoire et crique sur la face de la terre, voir toutes les constructions ni parcourir la terre entière comme si on voulait faire une acquisition. Pourtant, chacun accordera qu'un homme qui voyage souvent dans un pays et qui le traverse en tous sens le connaîtra mieux que celui qui, tel un cheval attaché à la roue, tourne toujours en rond sur la même trace et se limite aux bornes étroites d'un ou deux champs qui lui plaisent. Celui qui recherchera les meilleurs livres en chaque science, s'informera des auteurs les plus importants, des différentes écoles philosophiques et sectes religieuses ne trouvera pas que c'est une tâche infinie de prendre connaissance des sentiments de l'humanité sur les sujets les plus graves et les plus étendus. Qu'il exerce la liberté de sa raison et de son entendement avec cette latitude et son esprit sera renforcé, ses capacités élargies, ses facultés améliorées [12]. Et la lumière que les parties éloi-

11. Chacun a une fin en tant que créature raisonnable (*cf.* note 5) et une place sociale (note 22). L'honneur et l'estime de soi sont pour Locke les ressorts principaux de la conduite humaine, cf. *Éducation*, sect. 56; cf. *Journal*, 12 décembre 1678 : « Le principal ressort des actions humaines, la règle qui les conduit et la fin à laquelle elles tendent semblent être le crédit et la réputation ; ce que les hommes évitent à tout prix semble être la honte et la disgrâce », *Lord King*, t. I, p. 203. Mais l'honneur conduit, selon les temps et les lieux, à des choses différentes : certains commercent, d'autres combattent, certains font de la théologie, d'autres des mathématiques, d'autres suivent la mode. L'estime de soi n'est pas pour autant toute bonne : elle empêche l'examen et rend insupportable la critique (ici, sect. 12).

12. Il y a solidairement refus de tout argument d'autorité (*cf.* note 68), recours à l'évidence intérieure de la perception des idées, proclamation de la liberté de l'entendement.

gnées et diverses de la vérité se donneront les unes les autres assistera si bien son jugement qu'il se trompera rarement et témoignera du moins d'un esprit clair et d'une connaissance étendue. Voici du moins la seule voie que je connais pour donner à l'entendement le perfectionnement qu'il mérite jusqu'à l'épanouissement de sa capacité et la seule manière aussi de distinguer les deux choses les plus différentes que je connaisse dans le monde, un logicien ergoteur et un homme de raison. L'homme qui accepte ainsi de donner un tel essor à son esprit et d'orienter partout ses recherches vers la poursuite de la vérité doit être certain de se faire des idées déterminées sur ce qu'il examine, de ne pas manquer de se juger lui-même et de juger sans préjugé tout ce qu'il reçoit des autres, soit par leurs écrits, soit par leurs discours. Ni respect ni préjugé ne doivent être tolérés qui confèrent beauté ou laideur aux opinions d'autrui.

§ 4. DE L'EXERCICE DE L'ESPRIT ET DES HABITUDES

Nous naissons avec des facultés et des pouvoirs capables d'à peu près tout, tels du moins qu'ils pourraient nous mener plus loin que nous ne l'imaginons d'emblée. Mais c'est seulement l'exercice [13] de ces pouvoirs qui nous donne aptitude et habileté en toute chose et nous mène vers la perfection. Un laboureur d'âge mûr pourra difficilement recevoir les manières et le langage d'un gentilhomme, bien que son corps soit tout aussi bien proportionné, ses jointures tout aussi souples et ses talents naturels en rien inférieurs. Les jambes d'un maître de danse et les doigts d'un musicien forment pour ainsi dire naturellement, sans pensée ni peine, des mouve-

13. *Cf.* note 10.

ments réguliers et admirables. Faites-leur changer de rôle et ils tenteront en vain de produire des mouvements de ce genre avec des membres non exercés, et il faudra beaucoup de temps et une longue pratique pour gagner ne serait-ce qu'une partie d'une semblable capacité. À quelles actions étonnantes et incroyables ne trouvons-nous pas que les danseurs de corde et les saltimbanques accoutument leur corps. Il n'y a pas que dans ces domaines : dans la plupart des arts manuels, il en va de même. Mais je cite ceux que le monde remarque et paie pour voir. Tous ces mouvements qu'on admire, qui dépassent les capacités et même l'imagination des spectateurs qui n'y entendent rien ne sont rien d'autre que les simples effets de l'habitude et de l'industrie chez les hommes dont les corps n'ont rien de particulier qui les distingue de ceux des spectateurs ébahis.

Il en est de l'esprit, à cet égard, comme du corps : c'est l'exercice qui le fait ce qu'il est, et même la plupart de ces qualités qui sont regardées comme des dons naturels apparaîtront, quand on les examine de plus près, le produit de l'exercice, menées à ce point de perfection par des actions répétées. On remarque par exemple certains hommes pour leur capacité de railler agréablement, d'autres pour leurs apologues et leurs histoires divertissantes. On croit d'ordinaire que c'est un pur effet de la nature, et ce d'autant plus que l'on n'arrive pas à ces capacités en suivant des règles et que ceux qui y excellent n'en ont jamais entrepris expressément l'étude comme celle d'un art qu'on apprend. Mais il est pourtant vrai qu'une première tentative heureuse bien reçue par quelqu'un, qui valut des encouragements, amena à essayer encore, à incliner ses pensées et ses tentatives dans cette voie, jusqu'à ce que enfin insensiblement il disposât de cette facilité, sans s'en rendre compte. On attribue entièrement à la nature ce qui fut beaucoup plus l'effet de l'usage et de la pratique. Je ne nie pas que la disposition naturelle puisse en être souvent la première cause, mais elle ne conduit jamais un homme bien loin sans usage ou exercice. C'est la pratique seule qui porte à leur perfection les pouvoirs de l'esprit, comme ceux du corps. Bien des veines poétiques de qualité sont enterrées par une profession de commerçant et ne produisent jamais rien par manque d'exercice. Nous savons bien que les manières de discourir et de raisonner sont très différentes y compris sur le même sujet au Tribunal et à l'Université. En passant seulement de Westminster à la Bourse, on trouve un autre génie et un autre langage. Et pourtant on ne peut penser que ceux qui sont nés dans la cité ont reçu des talents différents de ceux qui ont été élevés à l'Université ou dans les Écoles de Droit.

Tout ceci n'a pas d'autre propos que de montrer que la différence, si évidente entre les sentiments et les talents de chacun, ne vient pas tant des facultés naturelles que des habitudes acquises. On rirait bien de qui entreprendrait de faire un élégant danseur d'un charretier ayant passé la cinquantaine. Et il n'aurait pas beaucoup plus de succès celui qui essayerait de faire raisonner correctement et parler élégamment un homme de cet âge qui n'y a jamais été habitué, même si on mettait devant lui une collection de tous les meilleurs principes de la logique et de l'art oratoire. On ne fait rien de quiconque en lui faisant écouter ou mettre dans sa tête des règles [14]. La pratique doit installer l'habitude de faire sans réfléchir à la règle. Et vous avez autant de chances de produire un bon peintre ou un bon musicien sur le champ par une conférence et une leçon de peinture ou de musique qu'un penseur cohérent ou un raisonneur rigoureux par un ensemble de règles lui montrant en quoi le raisonnement correct consiste.

14. Sur les règles, cf. *ibid.*

Les défauts et faiblesses de l'entendement aussi bien que des autres facultés venant d'un manque d'exercice de l'esprit, je pense que l'on rejette à tort la faute sur la nature et qu'on se plaint souvent d'un manque de talents alors que la faute réside dans un manque de l'indispensable exercice. Nous voyons souvent des hommes habiles et adroits à faire un marché qui, si on raisonne avec eux en matière de religion, apparaissent parfaitement stupides.

§ 5. Des idées

Je ne répéterai pas ici, en ce qui concerne la conduite droite et l'amélioration de l'entendement, l'importance d'avoir des idées claires et déterminées [15] et d'employer nos pensées sur ces idées plutôt que sur des sons mis à leur place; ni l'importance de fixer la signification des mots que nous utilisons pour nous-même dans la recherche de la vérité ou avec autrui quand on en discute. Ces obstacles à notre entendement dans sa poursuite de la connaissance, je les ai suffisamment développés ailleurs, si bien qu'il n'y a rien de plus à dire là-dessus ici.

§ 6. Des principes

Il y a une autre faute qui arrête ou égare les hommes dans leur recherche de la connaissance, faute dont j'ai aussi un peu parlé ailleurs mais qu'il est pourtant nécessaire de mentionner ici pour l'examiner à fond et voir ses racines : c'est l'habitude

---

15. Sur les idées, leur détermination et le langage, *cf.* note 26.

qu'on a de recevoir des principes qui ne sont pas parfaitement évidents et qui même ne sont souvent pas vrais[16]. Il n'est pas inhabituel de voir des hommes asseoir leurs opinions sur des bases qui n'ont pas plus de certitude ni de solidité que les propositions qu'on en dérive et qu'on admet en vertu d'elles. De telles propositions de base sont du genre : « les fondateurs ou les chefs de mon parti sont d'honnêtes gens, donc leurs

16. Pour un passage très proche, voir les dernières pages de l'*Essai* (4-20-17 et 18).

Par principes ou maximes (la terminologie de Locke est variable), Locke entend des propositions générales qui nous permettent d'asseoir nos jugements particuliers. Locke distingue entre principes spéculatifs qui permettent de juger du vrai et du faux, et principes pratiques qui permettent de juger du juste et de l'injuste Toute la critique de Locke à leur endroit consiste à mettre en doute leur fécondité et leur primitivité : ils servent plutôt à rationaliser des connaissances déjà acquises qu'à engendrer véritablement des connaissances. Du coup, ils sont soumis aux mêmes dangers que toute rationalisation après coup. Locke souligne en particulier qu'on les adopte le plus souvent de confiance et pour des raisons de parti, de secte, de passions, prédominantes (*Essai*, 1-2-25, 26, 27). Et si l'on a entretenu avec tant d'acharnement la doctrine des idées innées, c'est pour mieux faire recevoir certaines doctrines sous leur jour respectable (*Essai*, 1-3-25); mais ce ne sont jamais que les *idola* dénoncés par Bacon. Cette adoption de principes est d'autant plus aisée que psychologiquement un esprit semble avoir besoin de se reposer sur des principes, peu importe lesquels (*Essai*, 1-2-24). C'est pourquoi on ne se défie jamais assez des principes et on ne doit jamais les recevoir sans examen (*Essai*, 4-12-4 *sq.*).

Du point de vue de la théorie lockienne de la connaissance, la notion de principe ou de maxime reçoit, après critique, une place limitée; maximes ou axiomes sont des principes auto-évidents dans les sciences, l'évidence consistant dans la perception immédiate de l'accord ou du désaccord d'idées. Mais il y a nombre de propositions aussi évidentes que les prétendus principes (*Essai*, 4-7; *3ᵉ lettre à Stillingfleet, in Works*, t. IV, p. 372 *sq.*). Pour ce qui est de leur rôle dans la connaissance, Locke affirme que ce ne sont pas des vérités premières dont on partirait : on commence par du particulier et on connaît d'autres propositions avant eux (*Essai*, 4-7-9); ce ne sont pas non plus des conditions du

principes sont bons » ; – « c'est l'opinion d'une secte qui se trompe, donc elle est fausse » ; – « c'est admis depuis longtemps dans le monde, donc c'est vrai » ; – « c'est nouveau, donc c'est faux ».

Ce sont de tels principes et de bien d'autres de la même farine (évidemment fort éloignés d'être critères de la fausseté et de la vérité) que la plupart des hommes font les règles qu'ils accoutument leur entendement à suivre. Et ainsi, prenant l'habitude de déterminer vérité et fausseté avec des mesures aussi fausses, il n'est pas étonnant qu'ils embrassent l'erreur au lieu de la vérité et soient fort affirmatifs en choses qu'ils n'ont pas les moyens de juger.

Il n'y a personne, prétendant à si peu que ce soit de raison, qui ne soit obligé de reconnaître, quand on met à l'épreuve ces maximes fausses, qu'elles sont branlantes et qui, d'ailleurs, ne les désapprouve chez ceux qui n'ont pas les mêmes idées que lui. Pourtant, après avoir été convaincu de leur incertitude, vous le verrez continuer à les utiliser et, à la première occasion qui s'offre, argumenter encore sur les mêmes fondements. Ne devrait-on pas penser que ces hommes veulent bien s'en faire accroire et égarer leur propre entendement, qui se conduisent d'après des règles aussi fausses, même après avoir vu qu'ils ne peuvent s'y fier ? Pourtant, ils n'apparaissent pas aussi blâmables qu'on peut le penser à première vue. Car je pense qu'il y

reste du savoir (*Essai*, 4-7-10), ou alors il y a d'innombrables principes. Leur utilité est seulement négative : ils servent à réduire au silence les sophistes et les bavards et aussi à enseigner. Ce sont ces fonctions elles-mêmes qui sont ambiguës : puisqu'on peut réfuter sans avoir raison (*cf.* note 3) et enseigner des principes illusoires. La connaissance part des particuliers, s'étend ensuite à des propositions générales (*Essai*, 4-7-11) ; ensuite, l'esprit procède en sens inverse et prend les propositions générales pour mesure de la fausseté et de la vérité ; mais leur origine même montre que c'est à l'évidence et non aux principes qu'il faut se fier.

en a beaucoup qui argumentent ainsi en bonne foi et ne le font pas pour se tromper ni tromper les autres. Ils sont persuadés de ce qu'ils disent et pensent que ça a du poids, quoi qu'ils aient été convaincus dans des cas approchants qu'il n'en est rien. Mais les hommes ne pourraient se supporter eux-mêmes et s'attireraient le mépris des autres s'ils embrassaient des opinions sans aucun fondement et soutenaient des choses sans pouvoir fournir la moindre apparence de raison. Vraie ou fausse, solide ou argileuse, l'esprit doit se reposer sur quelque base. Et comme je l'ai remarqué ailleurs, l'esprit n'a pas plutôt accueilli une proposition qu'il se hâte de saisir une hypothèse pour l'asseoir. Tant il est vrai que notre tempérament nous dispose à un bon usage de notre entendement si nous suivions comme nous devrions les inclinations de notre nature.

En quelques matières importantes, en particulier celles de la religion, il n'est pas permis aux hommes d'hésiter et de rester incertains. Il leur faut embrasser et soutenir certaines idées ou d'autres. Et ce serait une honte, ou plutôt une contradiction insupportable à soutenir durablement pour un esprit, de prétendre sérieusement être persuadé de la vérité d'une religion sans être pourtant capable de donner une seule raison de sa croyance ou de donner une seule raison de sa préférence pour telle opinion plutôt que telle autre : c'est pourquoi les hommes doivent avoir des principes, ceux-ci ou d'autres, et ces principes, ce sont ceux qu'ils peuvent avoir ou se débrouillent pour avoir. Dire qu'ils n'en sont pas de bonne foi persuadés et qu'ils ne s'appuient pas vraiment sur ceux qu'ils utilisent, c'est aller contre l'expérience et prétendre qu'ils ne sont pas trompés, lors même qu'on le leur reproche.

S'il en est ainsi, demandera-t-on, pourquoi alors ne font-ils pas usage de principes sûrs et hors de question au lieu de s'appuyer sur des bases qui peuvent les tromper et servir, comme c'est visible, à soutenir l'erreur aussi bien que la vérité ?

À cela je réponds que la raison pour laquelle ils ne font pas usage de principes meilleurs et plus sûrs, c'est qu'ils ne le peuvent pas. Mais cette incapacité ne tient pas à un manque de talent (pour le petit nombre de ceux dont c'est le cas, il faut plutôt les excuser) mais à un manque d'usage et d'exercice. Peu d'hommes sont habitués dès leur jeunesse à raisonner rigoureusement, à suivre le lien d'une vérité jusqu'à ses principes les plus lointains à travers une longue chaîne de conséquences et à observer ses connexions [17]. Et celui qui n'a pas été habitué par une pratique répétée à un tel usage de son entendement, il n'est pas plus étonnant qu'arrivé à un certain âge il ne soit pas capable d'y plier son esprit qu'il serait étonnant que tout d'un coup il devint capable de graver ou dessiner, danser sur une corde ou calligraphier s'il n'a jamais pratiqué une de ces activités.

Bien plus, la plupart des hommes sont si étrangers à ce point de vue qu'ils ne perçoivent même pas ce qui leur manque : ils expédient l'ordinaire de leurs rôles par cœur, pour ainsi dire, comme ils l'ont appris, et si à un moment ou à un autre ils échouent, ils en attribuent la faute à tout plutôt qu'à un défaut de pensée ou d'habileté. Ceci pensent-ils (puisqu'ils ne connaissent rien d'autre) ils l'ont à la perfection. Ou encore, si leur intérêt ou leur fantaisie leur recommande un sujet, ils en raisonnent toujours à leur propre façon. Bonne ou mauvaise, elle sert leur tour d'esprit et ils ne connaissent rien de mieux. Aussi, quand elle les mène à quelque erreur, et que leur activité s'en ressent, ils en attribuent la responsabilité à quelque accident de rencontre ou quelque faute d'autrui, plutôt qu'à

17. *Cf.* notes 18 et 20.

leur propre défaut d'entendement. Car c'est ce que personne
ne découvre en lui ou ne se plaint d'avoir. Ce qui a fait échouer
son entreprise, ce n'est pas un manque de pensée correcte ou
de jugement : il ne se trouve pas de défaut mais il est content de
mener ses desseins assez bien par son propre raisonnement ; ou
du moins il l'aurait pu si des événements malheureux, échap-
pant à son pouvoir, ne s'étaient pas mis à la traverse. Ainsi
content du maigre et très imparfait usage de son entendement,
il ne se trouble jamais à chercher des méthodes pour améliorer
son esprit et vit toute sa vie sans aucune notion d'un raisonnement serré qui suit la continuité d'une longue chaîne de conséquences à partir d'une base solide, raisonnement pourtant
nécessaire pour produire et clarifier la plupart des vérités
spéculatives que les hommes admettent ou auxquelles ils
attachent de l'importance. Ceci pour ne pas mentionner ici ce
sur quoi j'aurai l'occasion d'insister beaucoup et plus complètement, à savoir que dans bien des cas ce n'est pas une série de
conséquences qui suffit mais un grand nombre de déductions
différentes et opposées qui doivent être examinées et rassem-
blées avant qu'on puisse se faire un jugement correct sur le
sujet en question[18]. Qu'attendre alors des hommes qui ne

18. La connaissance ou savoir (au sens strict de *knowledge*) est la
perception médiate ou immédiate de l'accord ou du désaccord entre des idées. Il
y a une passivité de l'esprit percevant ces relations ; ce qui fait que Locke parle
de la certitude subjective de cette perception tout en caractérisant la
connaissance par sa nécessité objective ; aussi trouvera-t-on souvent le mot
certitude employé à la fois en un sens subjectif et en un sens objectif. Outre la
connaissance des relations entre les idées, il y a une connaissance sensitive
portant sur les existences. En ce qui concerne celle-là, elle comporte ce que
Locke appelle des degrés mais qui seraient plutôt des types puisque la certitude
n'est pas moindre selon les cas : il faut distinguer entre une connaissance
intuitive de l'accord ou du désaccord entre des idées et une connaissance
démonstrative quand la perception de la relation se fait médiatement, par

voient pas le besoin d'un raisonnement de ce genre et qui ne savent pas non plus, quand ils le voient, comment s'y mettre ou le réaliser ? Vous pourriez aussi bien mettre un campagnard qui connaît à peine ses nombres et n'en a jamais additionné trois, à faire les comptes d'un marchand et établir le bilan !

Que faut-il donc faire en ce cas ? Je réponds que nous devrions toujours nous rappeler ce que j'ai dit ci-dessus, à savoir que les facultés de l'âme sont améliorées et rendues utiles de la même manière que nos corps. Voulez-vous qu'un homme écrive ou peigne ou danse ou fasse des armes ou accomplisse avec dextérité et aisance n'importe quelle autre opération manuelle ? Il pourrait bien avoir naturellement beaucoup de vigueur et d'activité, de souplesse et d'adresse, personne n'attend qu'il y parvienne s'il n'a pas été habitué, s'il n'a pas employé temps et peine à façonner et former sa main ou quelque autre partie de son corps à ces mouvements. Il en va tout de même pour l'esprit : si vous voulez qu'un homme raisonne correctement, vous devez l'y habituer de bonne heure, exercer son esprit à observer la connexion des idées et à les suivre dans leurs séquences. Rien ne réalise mieux cela que les mathématiques [19], qui donc, je pense, devraient être enseignées à tous ceux qui ont le temps et la possibilité ; non pas tant

l'intervention d'idées connexes, appelées par Locke des preuves ; chaque connexion intermédiaire doit dans ce cas être elle-même saisie intuitivement. La faculté qui permet de trouver les preuves est la sagacité (*Essai*, 4-2-3 et 4-17-2). Locke est particulièrement impressionné par le modèle mathématique (*cf.* note 20). De manière générale, raisonner consiste à découvrir des preuves, à les ranger dans un ordre convenable, à apercevoir les connexions dans chaque partie de la déduction et à tirer une juste conclusion du tout. Ceci se fait par *juxtaposition* (*Essai*, 4-17-4). C'est cette même théorie de la démonstration qui condamne le syllogisme parce qu'il introduit un ordre non-naturel et des médiations superflues (*Essai*, *ibid.*).

19. *Cf.* note suivante.

pour en faire des mathématiciens que pour en faire des créatures raisonnables. Car, bien que nous nous appelions tous ainsi parce que nous sommes nés pour l'être, s'il nous plaît, pourtant nous pouvons dire en vérité que la nature ne nous en a donné que les semences : nous sommes nés pour devenir, s'il nous plaît, des créatures raisonnables ; mais c'est l'usage et l'exercice seulement qui nous rendent ainsi et nous ne le sommes qu'aussi loin que l'industrie et l'application nous y conduisent. C'est pourquoi, dans les formes de raisonnement auxquelles les hommes n'ont pas été habitués, celui qui observe les conclusions auxquelles ils adhèrent voit facilement qu'elles ne sont pas raisonnables.

On y a fait d'autant moins attention que chacun, dans ses affaires privées, doit recourir à une sorte de raisonnement ou une autre, suffisante pour qu'il se qualifie de raisonnable. Mais l'erreur est que celui qui apparaît raisonnable en une chose passe du coup pour l'être en tout ; et penser et dire autrement apparaît un affront si injuste et une critique si insensée que personne ne s'y aventure. C'est comme si on rabaissait un homme en dessous de sa dignité naturelle. Il est certes vrai que celui qui raisonne bien en un domaine a un esprit naturellement capable de bien raisonner en d'autres, avec le même degré de force et de clarté et peut-être même plus s'il avait tourné son esprit de ce côté-là. Mais il est aussi vrai que celui qui peut raisonner correctement aujourd'hui sur un sujet ne peut pas du tout raisonner bien aujourd'hui sur d'autres, même s'il en sera capable dans un an. Partout où la faculté rationnelle d'un homme est en défaut et ne lui sert pas pour raisonner, nous ne pouvons pas dire qu'en ce domaine il est raisonnable, quelque capable qu'il puisse devenir avec le temps et l'exercice.

Prenez un homme d'éducation bien mince, qui n'a jamais
élevé ses pensées au-dessus de la bêche et de la charrue, ni
regardé au-delà des corvées ordinaires d'un journalier. Si vous
tirez ses pensées, habituées depuis longtemps à un seul cheminement, hors de cet étroit domaine auquel il a été confiné toute
sa vie, vous trouverez qu'il n'est pas plus capable de raisonner
qu'un demeuré. Chez beaucoup d'hommes, une ou deux
règles, dont toutes les conclusions dépendent immédiatement,
ont gouverné toute pensée. Vraies ou fausses, ces règles ont été
les maximes qui les ont guidés : enlevez-les leur et ils sont
perdus : sans boussole ni étoile polaire, leur entendement est
parfaitement perdu. C'est pourquoi ou bien ils retournent sur-
le-champ à leurs vieilles maximes comme aux fondements de
toute vérité pour eux, nonobstant tout ce qu'on peut dire pour
montrer leur faiblesse, ou bien s'ils les abandonnent sur ces
arguments, avec elles ils abandonnent toute vérité et toute
recherche et pensent que la certitude n'existe pas. Car si vous
voulez étendre leurs pensées et les attacher à des principes plus
sûrs et moins immédiats ; ou bien ils ne peuvent les saisir
aisément, ou bien s'ils le peuvent, ils ne savent qu'en faire.
C'est que les longues déductions à partir de principes éloignés
sont choses auxquelles ils n'ont pas été habitués et qu'ils ne
savent pas mener.

Mais alors, est-ce que les hommes faits ne pourraient
jamais faire de progrès ni voir leur entendement grandir ? Je ne
dis pas cela. Mais ceci, à mon avis, ne se fera pas sans industrie
ni application, ce qui demandera plus de temps et de peine que
les hommes faits, installés dans le cours de leur vie l'accepteront et donc se trouve rarement réalisé. Et cette capacité
même d'y arriver par l'usage et l'exercice seuls, nous ramène à
ce que j'ai avancé auparavant : que c'est seulement la pratique
qui améliore nos esprits comme nos corps et que nous ne

devons rien attendre de plus de nos entendements que ce que les habitudes peuvent leur donner.

Tous les Américains ne sont pas nés avec des entendements inférieurs à ceux des Européens, bien que nous constations qu'aucun d'entre eux n'a atteint de résultats comparables dans les arts et les sciences. Et parmi les enfants d'un pauvre homme de la campagne, l'heureuse chance d'une éducation et du contact avec le monde donne à l'un une supériorité de talents infinie sur les autres, alors que s'il était resté à la maison, il serait resté au niveau de ses frères.

Celui qui a affaire à de jeunes étudiants, surtout en mathématiques, s'aperçoit facilement de la manière dont leurs esprits s'ouvrent graduellement et comment c'est l'exercice seulement qui le permet. Quelquefois ils s'arrêteront longtemps sur une partie d'une démonstration, non par manque de volonté ou d'application mais vraiment faute de percevoir la connexion de deux idées qui, à quelqu'un dont l'entendement est plus exercé, est aussi visible que quelque chose peut l'être. Il en irait de même pour un homme d'âge se mettant aux mathématiques; l'entendement par manque d'habitude est souvent arrêté en chemin plat et celui qui est ainsi embarrassé, quand il vient à saisir la connexion, s'étonne d'avoir été arrêté par quelque chose de si facile.

§ 7. Des mathématiques

J'ai mentionné les mathématiques comme instrument pour instituer dans l'esprit une habitude de raisonner rigoureusement avec ordre. Non que je pense nécessaire que tous les hommes soient de profonds mathématiciens mais parce que, ayant acquis la manière de raisonner à laquelle cette étude porte nécessairement l'esprit, ils peuvent être ainsi à même de la transposer dans d'autres domaines de la connaissance, selon l'occasion qui se présente. Car, dans toutes les espèces de raisonnement, chaque argument isolé doit être mené comme une démonstration mathématique[20]. On doit suivre la

20. Comme il a été dit, les mathématiques constituent pour Locke un modèle démonstratif particulièrement séduisant.

Les mathématiques considèrent les relations d'idées, abstraction faite des conditions concrètes d'existence : en mathématiques, la connaissance porte sur des idées et on ne considère pas la convenance aux choses ; bien au contraire, la connaissance mathématique ne s'applique aux choses qu'autant que celles-ci conviennent avec les archétypes idéaux. Aussi peut-on dire que Locke dégage la notion d'existence idéale pour les objets mathématiques.

Compte tenu de l'exemplarité que Locke trouve aux mathématiques, il s'efforce de montrer deux choses : que les mathématiques n'ont pas une supériorité intrinsèque qui ferait que la démonstration ne serait possible que chez elles, qu'en conséquence on devrait pouvoir généraliser la technique démonstrative dans d'autres domaines de la connaissance en tant que celle-ci concerne des relations entre idées. Les mathématiques opèrent sur des modes du nombre qui sont très précisément discernables, et quand elles opèrent sur l'espace, qui l'est moins, elles recourent à des marques symboliques qui facilitent les distinctions (*Essai*, 4-12-15). C'est la seule possibilité de déterminer les idées de manière parfaite qui fait que l'on perçoit si aisément les relations et les connexions : l'intuition des relations est alors parfaite (*Essai*, 4-2-10). Grâce aux marques symboliques, on échappe aux fluctuations de l'esprit et les démonstrations peuvent être revues (*Essai*, 4-3-19). Du coup, on voit mal comment, avec des aides similaires, en particulier au niveau d'une fixation draconienne des usages linguistiques, on ne pourrait pas étendre le succès des démonstrations mathématiques à d'autres domaines de la connaissance ; si corrélativement on formait des idées déterminées et précises (leitmotiv lockien), on pourrait faire des démonstrations jusque dans le domaine des couleurs (*Essai*, 4-2-13). Ceci découle immédiatement de la conception de la connaissance comme perception de relations entre des idées. Locke envisage ainsi explicitement une morale démonstrative qui établirait ses propositions à partir des relations entre nos idées complexes de modes mixtes (*Essai*, 3-11-16, 4-4-7, etc.). Hume envisagera, d'un point de vue similaire, la possibilité de démons-

connexion et la dépendance des idées jusqu'à ce que l'esprit soit conduit à la source d'où elles dépendent et observe la cohérence de la série, bien que dans les preuves par probabilité une telle série ne suffise pas pour assurer le jugement, à la différence de ce qui se passe dans la connaissance démonstrative.

Là où une vérité est donnée par une démonstration, il n'y a pas besoin de chercher au-delà. Mais dans le domaine des probabilités où il manque une démonstration pour établir indubitablement la vérité, il ne suffit pas de remonter d'un argument à sa source et d'observer sa force et sa faiblesse ; tous les arguments, après avoir été ainsi examinés de tous les côtés, doivent être pesés les uns contre les autres, et c'est sur l'ensemble que l'entendement détermine son assentiment [21].

trations sur des idées autres que celles de quantité et de nombre, mais pour l'exclure compte tenu de la trop grande diversité de ces autres idées (*Enquête sur l'entendement humain*, trad. Leroy, Aubier, éd. p. 106-107 et 219).

En tout état de cause, le modèle mathématique est pour Locke un exemple favori, même si peu transposé effectivement.

21. La connaissance, on l'a vu, est définie de manière stricte comme perception de l'accord ou du désaccord des idées. Ce qui fait que tout ce qui n'est pas absolument certain intuitivement ou démonstrativement tombe en dehors de la connaissance. Il reste alors place pour le jugement et la probabilité qui sont des connaissances au sens faible, c'est-à-dire sans certitude absolue. Le jugement (*Essai*, 4-14-4) consiste à réunir ou séparer des idées quand leur accord ou leur désaccord est non pas perçu mais présumé. Quant à la probabilité, elle concerne l'apparence d'un accord ou d'un désaccord établie au moyen de preuves (note 18) dont la connexion n'est pas constante mais changeante, ce qui fait que l'esprit est enclin à juger d'un accord ou d'un désaccord plutôt que du contraire (*Essai*, 4-15-1) ; la probabilité est donc affaire de degrés et suppose une pondération des preuves en faveur de telle situation plutôt que de telle autre. Alors que dans la connaissance il y a certitude, dans la probabilité, il y a seulement opinion ou vraisemblance ; même si une probabilité peut être si élevée qu'on ne puisse s'empêcher de croire, il reste la possibilité du contraire et ceci coupe la probabilité de la connaissance au sens strict (*Essai*, 4-17-16) : la connaissance ne laisse pas la possibilité du contraire.

Il y a là une manière de raisonner à laquelle l'entendement devrait être habitué ; elle est si différente de celles auxquelles le commun non cultivé des hommes est habitué que même les savants semblent n'en avoir souvent qu'une petite idée, voire aucune. Il n'y a pourtant pas à s'en étonner puisque la manière de disputer dans les écoles les en dissuade complètement en insistant sur un argument unique tiré d'un lieu commun, par le succès duquel la vérité ou la fausseté de la question doit être déterminée et la victoire adjugée à l'opposant ou au défendeur. Ce qui est tout comme si on devait établir le bilan avec une seule somme au crédit ou au débit, alors qu'il y en a des centaines d'autres à prendre en considération.

Il serait donc bon que les esprits fussent habitués à cette manière de raisonner, et ce, assez tôt ; qu'ils ne bâtissent pas leurs opinions sur un seul point de vue, alors que tant d'autres sont nécessaires pour faire le compte et doivent entrer en ligne avant qu'un homme puisse se former un jugement correct. Ceci élargirait leur esprit et donnerait la liberté nécessaire à leur entendement, de telle sorte qu'ils ne soient pas induits en erreur par la présomption, la paresse ou la précipitation. Car je pense que personne ne peut approuver une conduite de l'entendement qui l'égarerait loin de la vérité, même si c'en est la mode.

À ceci peut-être on objectera que pour conduire l'entendement comme je le propose, il faudrait que chaque homme fût un savant, muni de tous les matériaux de la

---

Ce n'est toutefois pas parce que la probabilité n'est pas la connaissance qu'on devrait la rejeter : le domaine de la connaissance comme savoir certain est très restreint (*Essai*, 4-3-6) et il faut se confier à la probabilité souvent, en particulier dans le domaine des faits ; de la connaissance des substances et de tout ce qui appartient à la nature. La *Conduite de l'Entendement* tient particulièrement compte de ces limites.

connaissance et exercé dans toutes les façons de raisonner. Je réponds que c'est une honte pour ceux qui ont le loisir et les moyens[22] d'atteindre la connaissance de manquer d'un seul des secours qu'ils peuvent avoir pour cultiver leur esprit. Et c'est à ceux-là que je voudrais particulièrement m'adresser. Il me semble que ceux qui, grâce à l'industrie et aux talents de leurs ancêtres sont libres des peines constantes qu'il faut pour satisfaire ventre et échine, devraient consacrer un peu de leur temps libre à leur tête et ouvrir leur esprit par essais et tentatives dans tous les domaines et toutes les manières de raisonner. J'ai ci-dessus mentionné les mathématiques, parmi lesquelles l'algèbre fournit des aides et des perspectives nouvelles à l'entendement. Si je les propose, ce n'est pas, comme je l'ai déjà dit, pour faire de chacun un mathématicien confirmé ou un algébriste profond, c'est que je pense que leur étude est d'une utilité infinie, même à des hommes faits. D'abord, parce qu'elles les convainquent par expérience que pour faire raisonner quiconque bien il ne suffit pas d'avoir des dons qui satisfont et se révèlent à peu près utiles dans le cours ordinaire de la vie. Un homme verra, en les étudiant, que quelque favorablement qu'il juge son entendement, pourtant en certaines choses (et de très visibles) celui-ci peut nous faire défaut. Ceci devrait faire disparaître cette présomption que la

22. Comme un leitmotiv on trouve affirmé et réaffirmé dans ce texte que chacun n'a pas le temps ni les moyens de développer son entendement. Il semble bien qu'il y ait un développement inégal de la rationalité des créatures raisonnables. Aussi peut-on parler avec C. B. McPherson (art. cit. à la note 5, p. 220, *loc. cit.*) de deux sortes de rationalité : la rationalité de ceux qui ont « de quoi » et « celle » de ceux qui vivent au jour le jour (*from hand ta mouth* : de la main à la bouche), sans avoir rien devant eux ; ce qui entraîne des participations politiques différentes et des devoirs différents. Les choses étant ce qu'elles sont, il ne reste qu'à demander à chacun de faire ce qu'il peut, en particulier dans le domaine religieux (*cf.* note 25).

plupart des hommes ont d'eux-mêmes en ce domaine. Et ils ne pourraient plus penser autant que leur esprit n'a besoin de rien pour acquérir de nouvelles lumières, qu'il n'y a rien à ajouter à sa perspicacité et à sa pénétration.

Ensuite, l'étude des mathématiques leur montrera la nécessité qu'il y a, dans le raisonnement, de séparer toutes les idées distinctes[23], de voir les rapports habituels entretenus par les idées examinées dans la recherche en cours, de mettre de côté celles qui n'ont pas de lien à la proposition en cause et de les exclure complètement de la considération. Dans les domaines autres que celui de la quantité, c'est ce qui est absolument indispensable à un raisonnement juste, bien qu'on ne l'y observe pas aussi aisément et qu'on ne l'y pratique pas aussi exactement. Dans les domaines de la connaissance, où l'on pense que la démonstration n'a rien à faire, les hommes raisonnent pour ainsi dire en gros. Et si, sur une vue sommaire et confuse, ou sur une considération partielle, ils peuvent établir l'apparence d'une probabilité, ils sont d'habitude contents, surtout dans une controverse où l'on s'agrippe à chaque petit brin de paille et où tout ce qui peut être avancé pour colorer un argument l'est avec ostentation. Mais cet esprit n'est pas en état de trouver la vérité, qui ne distingue pas clairement les éléments et qui ne tire pas une conclusion à partir de tous les éléments particuliers qui l'influencent en prenant soin d'omettre tout ce qui est étranger au sujet. Il y a encore une autre habitude utile à prendre dans l'étude des démonstrations mathématiques, c'est celle de donner l'habitude à l'esprit des longues chaînes de conséquences. Mais l'ayant déjà dit, je ne le répéterai pas ici encore.

---

23. Sur la séparation des idées distinctes, *cf.* notes 26 et 65; voir la section 31 sur la distinction.

En ce qui concerne les hommes dont la fortune et le temps sont plus restreints, ce qui peut leur suffire n'est pas aussi vaste qu'on peut l'imaginer et ne fait donc pas objection.

Personne n'est obligé de tout connaître. La connaissance et la science sont en général l'affaire de ceux qui ont aisance et loisir[24]. Quant à ceux qui ont des tâches particulières, ils doivent bien les connaître et bien les comprendre, et ce n'est pas une proposition déraisonnable ni irréalisable que de leur demander de penser et raisonner correctement sur leurs tâches quotidiennes. On ne saurait les en estimer incapables sans les rabaisser au niveau des bêtes et leur attribuer une stupidité indigne des créatures raisonnables.

§ 8. DE LA RELIGION

Outre ses occupations particulières destinées à gagner sa vie, chacun a souci d'une vie future, et il est obligé d'y veiller. Ceci tourne nos pensée vers la religion et c'est en ce domaine qu'il est le plus fortement sous notre responsabilité de comprendre et de raisonner correctement. Les hommes donc ne sauraient être dispensés de bien comprendre les mots et de bien former les notions générales en tout ce qui touche à la religion. Un jour particulier de la semaine, outre les autres jours de repos, donne le temps suffisant pour cela dans le monde chrétien – si les hommes n'avaient pas d'autres heures libres –; ce serait suffisant si les hommes voulaient faire usage de ce répit dans leur travail quotidien, et s'appliquer à améliorer leur connaissance avec autant de diligence qu'ils le font souvent pour bien des choses inutiles et s'ils faisaient seulement ce qui

24. *Cf.* note 22.

est susceptible de les conduire chacun selon sa capacité à cette connaissance. La fabrique originelle de leur esprit est celle de tous les hommes et on se rendrait compte qu'ils ont bien un entendement capable de recevoir la connaissance de la religion si on les encourageait et les aidait un peu comme il le faudrait. Il y a des exemples de personnes très humbles qui ont élevé leur esprit à un vif sentiment et une grande compréhension de la religion : et quoique ces exemples soient plus rares qu'on le souhaiterait, il y en a assez pour montrer qu'une basse condition n'est pas condamnée à l'ignorance grossière et que, si on prenait le soin nécessaire, plus d'hommes pourraient devenir des créatures chrétiennes raisonnables (on peut à peine considérer comme tels ceux qui, bien qu'en ayant le nom, ne connaissent pas seulement les principes mêmes de cette religion). En effet, si je ne me trompe, récemment la paysannerie française réformée (des gens bien plus soumis à la pression du besoin et de la pauvreté que les journaliers anglais) a fait preuve de plus de connaissance et de plus de conviction en matière religieuse que bien des personnes de rang plus élevé chez nous.

Mais conclurait-on que les plus humbles [25] doivent s'abandonner à une stupidité animale dans le domaine qui leur importe le plus, thèse à laquelle je ne trouve aucune justifi-

---

25. *Cf.* note 40 sur la théologie.

En d'autres textes, Locke est plus réservé sur la connaissance que doivent avoir les humbles en matière religieuse. Ainsi, dans *The Reasonableness of Christianity* (*Works,* t. VII, p. 146 *sq.*), Locke écrit : «Pour les journaliers, les tisserands, les petits commerçants, les filles de ferme, entendre des commandements purs et simples est la seule manière de les amener à obéir et à pratiquer. La plus grande partie des hommes ne peuvent connaître : ils doivent donc croire». Les croyances simples qu'il faudra inculquer concernent la vie future, la résurrection du Christ, les miracles : il faut des propositions qui frappent et en même temps renvoient à des faits, et non pas des propositions doctrinales abstraites.

cation, ceci n'excuse pas ceux qu'une fortune et une éducation a faits plus libres, s'ils négligent leur entendement et ne se soucient pas de l'employer comme ils devraient, ni de l'exercer à la connaissance de ces choses pour lesquelles il leur a été principalement donné. Au moins, ceux auxquels leur fortune abondante permet de cultiver leur entendement en ce domaine, ne sont-ils pas si peu nombreux qu'on ne pourrait se flatter de voir des progrès considérables réalisés dans les connaissances de toutes sortes, et en particulier dans celle qui nous importe le plus et fournit les plus vastes perspectives, si les hommes voulaient faire un usage correct de leurs facultés et bien étudier leur entendement.

§ 9. DES IDÉES

Les objets corporels extérieurs, qui sollicitent constamment nos sens et attisent nos appétits, ne manquent pas de remplir notre tête d'idées vives[26] et durables de leur sorte. Ici l'esprit n'a pas besoin d'être poussé pour faire provision ; elles

26. On sait la place que tient la notion d'idée chez Locke, avec une polysémie indiscutable. G. Ryle a tenté (*J. Locke on the Human Understanding, in Tercentenary addresses on J. Locke*, J. L. Stocks, éd. Oxford University Press, 1933) de dresser la liste de ses sens : données sensorielles, images, représentations, actes de penser à quelque chose, notion, concept, entités supposées dans l'esprit qui seraient les seuls objets de l'esprit et par quoi il serait mis en rapport avec les objets extérieurs. Toutes ces significations sont d'ailleurs enveloppées dans la très vague définition donnée par Locke dans l'Introduction de l'*Essai* (sect. 8) : « Tout ce qui est l'objet de l'entendement quand un homme pense, ou tout ce sur quoi l'esprit peut être employé en pensant ».

Locke applique aux idées une série de distinctions : simples-complexes, claires-obscures, distinctes-confuses, adéquates-inadéquates, réelles-fantastiques, vraies-fausses.

s'offrent d'elles-mêmes avec assez de rapidité et sont en
général reçues en tel nombre et logées avec tant de soin que
l'esprit manque de place et d'attention pour les autres dont il a
le plus besoin et utilité. Pour disposer l'entendement donc à
raisonner comme je l'ai dit ci-dessus, il faudrait prendre soin
de le remplir d'idées morales et plus abstraites ; car celles-ci ne
s'offrant pas d'elles-mêmes aux sens mais devant être formées
par l'entendement, les hommes sont en général si négligents
d'une faculté dont ils ont tendance à penser qu'elle n'a besoin
de rien ; que je crains bien que l'esprit de beaucoup d'hommes
soit plus dépourvu d'idées de cette sorte qu'on ne se l'imagine.
Les hommes utilisent souvent les mots, et comment pourrait-

Les idées simples de sensation et de réflexion sont des apparences uniformes et inanalysables ; l'esprit ne peut ni les fabriquer, ni les modifier, ni les refuser : elles provoquent un acte de perception ; ce que précisément dit Locke ici : l'esprit n'a pas besoin d'être poussé pour en faire provision. En revanche, les idées complexes (idées de modes simples ou de modes mixtes, idées de relations) sont des résultats des opérations de l'esprit sur ses idées simples. L'esprit a donc une relative liberté pour les former, la restriction minimale portant sur la non-contradiction des idées juxtaposées. Les résultats sont soit des idées réelles, c'est-à-dire conformes aux choses, soit des idées fantastiques ou chimériques, seulement dans notre esprit ; encore doit-on apporter la restriction que si rien de réel ne correspond à l'idée, il se peut que celle-ci soit à elle-même son propre archétype, ce qui est le cas pour les idées des mathématiques (modes simples) et les idées morales (modes mixtes) ; ces idées ont alors une réalité que nous dirions par convention, ce que Locke exprime souvent, en particulier pour les idées morales, en disant que ce sont des notions, des idées dont l'existence tient plus à la pensée des hommes qu'à la nature des choses (*Essai*, 2-22-2). C'est cette réalité à part que Locke envisage quand il parle de faire de la morale une science démonstrative au même titre que les mathématiques (*cf.* notes 18 et 20).

Les idées peuvent être claires ou obscures, distinctes ou confuses. Une idée claire est une idée dont l'esprit a une perception complète et évidente (*Essai*, 2-29-4), une idée est obscure si on ne peut discerner ce qu'elle contient ; clarté et obscurité renvoient à la présence ou à l'absence d'une lumière suffisante pour

on les suspecter de ne pas avoir aussi les idées? Ce que j'ai dit dans le livre III de mon *Essai* me dispensera de répondre plus avant sur cette question. Mais pour faire sentir ici combien il est important pour l'entendement d'avoir des idées de cette sorte, fixes et bien déterminées, qu'on me permette de demander comment quelqu'un peut savoir s'il est obligé d'être juste s'il n'a pas en lui des idées bien établies de l'obligation et de la justice, puisque la connaissance ne consiste en rien d'autre que dans la perception de l'accord ou du désaccord de ces idées. Et de même pour toutes les autres qui concernent notre vie et nos mœurs. Et si des hommes trouvent une difficulté à voir l'égalité ou l'inégalité de deux angles qui sont sous leurs yeux, inaltérables sous leur figure, combien cela leur sera ensuite impossible pour des idées qui n'ont pas d'autres objets sensi-

discerner l'idée en elle-même. En revanche, distinction et confusion renvoient à la distinction des idées entre elles : une idée est distincte si l'esprit y perçoit une différence par rapport aux autres idées, confuse si on ne parvient pas suffisamment à la distinguer des autres (*ibid.*). Une idée confuse est finalement une idée qu'on peut aussi bien appeler par un autre nom que le sien. Ce qui mène aux problèmes des rapports des mots et des idées.

Souvent Locke dit que les idées sont des signes des choses, puisque c'est par leur intermédiaire que l'esprit a rapport à ces choses. Mais pour marquer les idées, on se sert d'autres signes, les mots. Le principe de toute la théorie du langage de Locke est qu'un mot n'a de sens que s'il désigne effectivement une idée, le rapport de désignation étant arbitraire. Toutes les difficultés viennent de ce que, ayant le mot, on croit avoir l'idée, alors que ce n'est pas toujours le cas. D'où de multiples possibilités d'illusion, exploitées en particulier par la scolastique (*cf.* sections 29, 31, 42 de la *Conduite de l'Entendement*, *cf.* aussi tout le livre 3 de l'*Essai*). Si l'évidence intérieure de la possession de l'idée fait seule le sens des mots et si même éventuellement on comprend d'autant mieux qu'on laisse de côté le voile des mots (*Conduite de l'Entendement*, sect. 42), le langage se trouve réduit à un ensemble de processus privés. Pour une étude de cette conception et une critique d'inspiration wittgensteinienne, on pourra lire A. Flew, *Hume's theory of belief*, p. 19-50, London, Routledge and Kegan Paul, 1961.

bles pour les représenter à l'esprit que les sons avec lesquels elles n'ont pas la moindre ressemblance, ce qui fait que les idées elles-mêmes doivent être clairement fixées dans l'esprit si nous voulons faire un jugement clair les concernant. Telle est donc une des premières choses auxquelles l'esprit devrait s'employer dans la conduite de l'entendement, sans quoi il lui est impossible de raisonner correctement en ces matières. Mais à l'égard de ces idées et de toutes les autres, on doit prendre soin qu'elles ne renferment aucune contradiction, qu'elles aient une existence réelle, quand une existence réelle est supposée, et qu'elles ne soient pas de pures chimères avec une existence supposée.

§ 10. DES PRÉJUGÉS

Chacun est prompt à se plaindre des préjugés qui égarent les autres ou les autres sectes, comme si nous en étions exempts et n'en avions point en propre. De tout côté on s'en accuse et il est reconnu que c'est une faute et un obstacle à la connaissance. Quel est maintenant le remède ? Rien d'autre sinon que chacun laisse de côté les préjugés des autres et examine les siens. Personne n'est convaincu de ses préjugés par les accusations d'autrui. Chacun récrimine et, ce faisant, s'en estime lui-même innocent. La seule manière de faire disparaître cette grave cause d'ignorance et d'erreur est que chacun s'examine impartialement lui-même. Que les autres ne traitent pas comme il convient leur propre esprit ne transforme pas nos erreurs en vérités. Cela doit-il me les faire plus chérir et me tromper moi-même ? Si autrui tient à la cataracte qu'il a, cela doit-il m'empêcher de me faire opérer de la mienne dès que possible ?

Tout le monde est contre l'aveuglement. Et pourtant, qui n'est pas attaché à ce qui obscurcit sa vie et éloigne de son esprit la claire lumière qui devrait le conduire à la vérité et à la connaissance? Les positions fausses ou douteuses sur lesquelles on s'appuie comme sur des maximes incontestables maintiennent dans l'obscurité et loin de la vérité ceux qui construisent sur elles. Tels sont les préjugés dont nous sommes habituellement imbibés par l'éducation, l'esprit de parti, le respect, la mode, l'intérêt, etc. C'est ici la paille que chacun voit dans l'œil de son frère sans regarder la poutre dans le sien. Car quel est l'homme qui admette de bonne foi d'examiner ses propres principes et de voir s'ils peuvent résister à l'examen? Pourtant ce devrait être une des premières choses auxquelles se mettre et se mettre scrupuleusement, quand on veut conduire correctement son entendement à la recherche de la vérité et de la connaissance.

À ceux qui veulent bien se débarrasser de cet obstacle à la connaissance (car c'est pour ceux-là seulement que j'écris), à ceux qui veulent jeter à bas ce grand et dangereux imposteur, je veux dire le préjugé qui habille le faux des atours de la vérité et qui ainsi met un bandeau sur les yeux des hommes comme pour les garder dans le noir avec la croyance qu'ils sont plus à la lumière que ceux qui voient avec leurs yeux, j'indiquerai cette seule marque [27] à quoi reconnaître le préjugé. Celui qui

27. Locke indique ici un critère pour reconnaître le préjugé. Il s'agit de voir si notre assentiment à propos d'une question est passionnel ou non, indifférent ou non. Autrement dit, Locke assimile assentiment raisonnable et indifférence passionnelle. Ceci n'est pas surprenant si l'on se rappelle que la connaissance au sens strict ou même au sens où il y a une connaissance probable, est une perception de preuves. Il y a bien alors une sorte de possession de l'esprit mais c'est celle de «l'irrésistible lumière de l'auto-évidence ou de la force de la démonstration ou encore des gages de la probabilité » (*Essai*, 4-19-1). L'esprit est passif et il ne peut donner plus d'assentiment raisonnable que n'en assurent

est fortement d'une opinion doit penser (à moins qu'il ne se condamne lui-même) que sa persuasion est construite sur de bonnes bases, que son assentiment n'est pas plus fort que ce que l'évidence de la vérité qu'il professe lui commande et que ce sont des arguments et non pas l'inclination ou la fantaisie qui le rendent confiant et affirmatif dans ses positions. Maintenant, si après cette profession, il ne peut souffrir aucune opposition, s'il ne peut même pas lui donner une attention patiente, encore moins examiner et peser les arguments de l'autre partie, n'avoue-t-il pas tout uniment que c'est le préjugé qui le gouverne? Et ce n'est pas dans l'évidence de la vérité mais dans quelque prévention paresseuse, quelque présomption bien aimée qu'il désire rester non troublé. Car si ce à quoi il tient est bien protégé par l'évidence et s'il en voit la vérité, pourquoi faut-il qu'il redoute la mise à l'épreuve? Si son opinion est établie sur une fondation solide, si les arguments

les preuves : toute l'assurance qu'on aurait en plus ne peut venir que d'une affection ou d'une autre et non de l'amour de la vérité (*ibid.*). Dans la quatrième édition de l'*Essai*, Locke ajouta un chapitre sur l'enthousiasme comme cette source d'assentiment qu'est l'imagination d'un esprit échauffé et outrecuidant (*Essai*, 4-19-7). Henry More avait dès 1662 traité de l'enthousiasme dans son *Enthusiasmus iriumphatus*. L'enthousiasme était qualifié de faux-semblant d'inspiration divine. Toute une série de pamphlets et libelles traitèrent de la querelle de l'enthousiasme au XVIIIᵉ siècle (Warburton, Lavington, Campbell, Green, sous des titres comme *A Letter concerning Enthusiasm to my Lord* en 1708; *Reflections upon a letter concerning Enthusiasm* en 1709; *Nature and Consequences of Enthusiasm* en 1719; *Enthusiasm explained : with rules to preserve the mind front being tainted by it* en 1739; *A Discourse proving that the Apostles were no Enthusiasts* en 1730). Pour Locke, toute la lumière dans l'esprit ne peut venir que de la vérité, c'est-à-dire de la force des preuves; au-delà, on ne saurait discerner ce qui est divin ou provient du malin; la révélation divine doit pour être acceptée s'accompagner de quelque preuve objective (miracle, prodige naturel) ou encore s'accorder avec les Écritures et la Raison (*Essai*, 4-19-15 et 16). Toute autre impulsion de l'esprit est suspecte.

qui la soutiennent et ont obtenu son assentiment sont clairs, bons et convaincants, pourquoi appréhenderait-il qu'on examine s'ils sont des preuves ou non ? Celui dont l'assentiment va au-delà de cette évidence doit son excès d'adhésion au seul préjugé, et il le reconnaît lui-même quand il refuse d'écouter ce qui est avancé en contradiction ; il montre par là que ce n'est pas l'évidence qu'il cherche mais la quiète jouissance de l'opinion qu'il aime, avec une condamnation par avance de tout ce qui peut s'y opposer, sans l'écouter et sans l'examiner. Or qu'est-ce, sinon le préjugé ? Celui qui aura statué sans avoir écouté toutes les parties, même s'il statue juste, aura été loin d'être juste (*Qui aequum statuerit parte inaudita altera, etiamsi aequum statuerit, haud aequus fuerit*). Quant à celui qui voudrait faire son devoir d'amant de la vérité, sans laisser place à aucune préoccupation ou parti pris qui puisse l'égarer, il doit faire deux choses qui ne sont pas très communes ni très aisées.

§ 11. DE L'INDIFFÉRENCE

D'abord, il ne doit pas aimer une opinion ou la désirer vraie avant de savoir qu'elle l'est, et alors il n'aura pas besoin de faire un tel souhait. Car rien de ce qui est faux ne peut mériter nos bons vœux ni notre désir qu'il ait la place et la force de la vérité. Et pourtant, rien n'est plus fréquent que cette situation. Les hommes aiment certaines propositions sans autre preuve que le respect et la coutume, et ils croient qu'ils doivent les soutenir sans quoi tout s'écroule[28], et ce, bien qu'ils n'aient

---

28. Sur la nécessité d'avoir des principes, sinon tout risquerait de s'écrouler, *cf.* note 16.

jamais examiné le terrain sur lequel elles reposent, qu'ils ne l'aient jamais même examiné ou ne puissent pas l'exposer aux autres; nous devrions lutter honnêtement pour la vérité mais nous devrions d'abord être certains que c'est la vérité ou alors nous nous battons contre Dieu qui est le Dieu de la Vérité et faisons le travail du diable qui est le père et le propagateur des mensonges. Et notre zèle, quelque chaleureux qu'il soit, ne nous excusera pas, car c'est purement et simplement un préjugé.

§ 12. DE L'EXAMEN

Deuxièmement, il doit faire une chose qui lui répugnera parce qu'il la jugera inutile ou qu'il s'en jugera incapable : il doit essayer de voir si ses principes sont certainement vrais ou non et jusqu'où il peut se reposer sur eux en toute sûreté. Je ne déterminerai pas s'il y en a peu ou beaucoup qui ont le cœur ou l'aptitude à le faire. Mais je suis sûr, en tout cas, que c'est ce que chacun devrait faire quand il professe aimer la vérité et ne veut pas se duper lui-même (cette duperie de soi étant une plus sûre façon de se ridiculiser que lorsqu'on s'expose aux sophismes des autres). La tendance à se tromper soi-même est toujours à l'ouvrage et elle nous plaît, alors que nous ne supportons pas que les autres nous raillent ou nous égarent. L'incapacité dont je parle ici n'est pas un quelconque défaut naturel qui rendrait les hommes incapables d'examiner leurs propres principes. Pour de tels hommes, des règles de conduite de l'entendement sont inutiles, mais c'est le cas de très peu. Le plus grand nombre est formé de ceux que la mauvaise habitude de ne pas exercer leur pensée a rendus impotents. Les pouvoirs de leur esprit sont atrophiés par manque d'exercice et ils ont perdu la force et l'étendue d'esprit que la nature les avait destinés à acquérir par l'exercice. Ceux qui sont en état d'apprendre les premières règles de l'arithmétique ordinaire et pourraient faire une addition simple en sont capables pourvu qu'ils aient seulement accoutumé leur esprit à raisonner. Mais ceux qui ont entièrement négligé l'exercice de leur entendement dans ce domaine seront très loin de pouvoir le faire d'emblée et aussi peu prêts à le faire que ceux qui ne sont pas entraînés aux figures le sont peu à établir un livre de compte. D'ailleurs, ils trouveraient peut-être étrange qu'on les y mît.

On doit néanmoins reconnaître que c'est un mauvais usage de notre entendement que d'établir nos positions (dans les choses où nous avons souci de détenir la vérité) sur des principes qui peuvent nous induire en erreur. Nous prenons nos principes au hasard, sur la foi d'autrui et sans jamais les avoir examinés et, sur ce, nous nous mettons à croire tout un système sur la base de la présomption qu'ils sont vrais et solides. Qu'est-ce donc sinon une crédulité enfantine, honteuse et insensée ?

C'est en ces deux choses, l'indifférence égale à l'égard de toute vérité, c'est-à-dire l'amour de la vérité en tant que telle et non pour d'autres raisons avant de la connaître vraie, et l'examen de nos principes sans en admettre ni construire sur eux avant d'être convaincus, en tant que créatures raisonnables, de leur solidité, de leur vérité et de leur certitude, c'est en ces deux choses, dis-je, que consiste cette liberté de l'entendement nécessaire à une créature raisonnable et sans laquelle il n'y a pas véritablement d'entendement. C'est imagination, fantaisie, extravagance[29], tout plutôt qu'entendement, s'il doit

---

29. L'imagination ne reçoit pas une attention particulière chez Locke. Celui-ci distingue des facultés de perception, de rétention, de discerner, comparer, composer, etc. Autrement dit, tantôt son analyse est moins fine qu'on n'attendrait (cas de la perception et de la mémoire), tantôt elle est plus fine (cas des

être contraint de recevoir et professer des opinions par l'autorité de quoi que ce soit, à l'exception de l'évidence personnelle, expérimentée et non pas figurée. C'est ce qui a été
appelé à juste titre supercherie, et la pire et la plus dangereuse
de toutes. Car nous nous abusons nous-même, ce qui est la pire
des tromperies, et nous nous abusons en cette faculté que nous
devrions garder avec le plus grand soin la plus pure de toute
tromperie. Le monde a tendance à blâmer ceux qui professent
de l'indifférence, surtout dans le domaine religieux. Je crains
bien que ce soit la base d'une grande erreur et des pires conséquences. Etre indifférent à la vérité d'une opinion plutôt que
d'une autre est la bonne disposition de l'esprit, qui le garde
de se faire abuser et le prépare à examiner avec impartialité
jusqu'à ce qu'il ait fait de son mieux pour trouver la vérité;
c'est la seule manière sûre d'y arriver. Mais être indifférent à
choisir la vérité ou l'erreur est la voie royale de l'erreur. Ceux
qui ne sont pas indifférents à la vérité d'une opinion plutôt que
d'une autre tombent dans la seconde indifférence. Ils suppo-
sent sans examen que ce qu'ils professent est vrai et pensent
qu'alors ils doivent en être des zélateurs. Il me semble évident
à leur chaleur et à leur ardeur qu'ils ne sont pas indifférents à

opérations de comparer, abstraire, distinguer, composer, etc.). Ce qui fait que
l'imagination se trouve pour ainsi dire laminée entre d'un côté la mémoire,
de l'autre les diverses opérations qui sont à l'origine des idées complexes. La
mémoire est ce qui stocke les idées, et les facultés de composition produisent
du complexe (*Essai*, 2-10). Dans tout cela, il n'est du coup question que de
processus normaux ou du moins non-fantaisistes. On trouve néanmoins le
domaine de la fantaisie, mais confiné en un lieu marginal, dont la théorie va être
le travail de Hume : l'association des idées (*Essai*, 2-33, chapitre rajouté dans la
quatrième édition de l'*Essai*). Une brève remarque en 2-10-8 fait de la fantaisie
une faculté ou une aptitude particulière à éveiller les idées dormantes ; on peut
ajouter que ces idées dormantes pourront alors être soumises à l'association des
idées et à ses extravagances.

leurs opinions mais qu'ils se moquent bien de la vérité ou de la fausseté qu'elles peuvent avoir, puisqu'ils ne supportent pas qu'on soulève aucun doute ou qu'on leur fasse aucune objection. Il est d'ailleurs visible qu'ils ne s'en sont jamais fait eux-mêmes et que, sans faire le moindre examen, ils ne savent pas et ne se soucient pas de savoir si elles sont vraies ou fausses.

Tels sont les défauts les plus communs et les plus généraux que, d'après moi, les hommes devraient éviter ou réprimer pour une bonne conduite de leur entendement et dont on devrait particulièrement prendre soin dans l'éducation. La tâche en ce domaine, pour ce qui concerne la connaissance, n'est pas de faire un savant parfait dans toutes les sciences mais de donner à l'esprit cette liberté, cette disposition et ces habitudes qui peuvent le rendre capable d'atteindre tout élément du savoir auquel il s'appliquera ou dont il aura besoin dans le cours ultérieur de sa vie.

En ceci et ceci seulement consiste la bonne éducation ; elle ne consiste pas à instiller respect et vénération pour certains dogmes spécieusement appelés principes, qui sont souvent si éloignés de la vérité et de l'évidence propre aux principes qu'on devrait les rejeter comme faux et erronés, et qui font souvent que les hommes ainsi élevés, quand ils sortent de chez eux par le monde et découvrent que ces principes sont intenables, rejettent tout principe et deviennent de parfaits sceptiques sans plus un regard pour la vérité ni la vertu.

Il y a plusieurs faiblesses et défauts dans l'entendement provenant soit des dispositions naturelles de l'esprit, soit des mauvaises habitudes prises, défauts qui font obstacle à son progrès vers le savoir. Il y en a autant je pense à trouver, si on étudiait de fond en comble l'esprit, qu'il y a de maladies du corps ; chacun obstrue et paralyse l'esprit à un certain degré et mérite donc qu'on le surveille et le soigne. J'en signalerai quelques-uns pour pousser les hommes, en particulier ceux qui font de la connaissance leur principal souci, à regarder en eux pour voir s'ils ne se laissent pas aller à quelques faiblesses, s'ils ne permettent pas quelques égarements à leur faculté intellectuelle, ce qui leur est préjudiciable dans la recherche de la vérité.

§ 13. DES OBSERVATIONS

Ce sont les états de fait particuliers[30] qui sont indubitablement les fondements sur lesquels notre connaissance de la

---

30. Par « états de fait particuliers », nous traduisons « *particular matters of fact* ».

Si les propositions de la connaissance sont des complexes de signes soit verbaux (et alors on a une proposition verbale), soit « idéaux » (et alors on a une proposition d'idées) – *Essai*, 2-32-1 et 4-5-2 – on doit distinguer deux sortes de connaissances : celles concernant l'existence de quelque chose répondant à une idée, celles concernant l'accord ou le désaccord de nos idées en quelque sorte abstraites des choses. Dans le premier cas, il s'agit, à partir de l'idée d'ange, d'éléphant ou de mouvement, de savoir s'il existe vraiment quelque chose qui y correspond (*Essai*, 4-11-13). Ces connaissances ne peuvent concerner que des faits et des événements particuliers. Seuls nos sens peuvent nous informer dans ces cas de connaissance de l'existence (à l'exception du cas de la connaissance de l'existence de Dieu). Dans le deuxième cas, les propositions auxquelles on aboutit peuvent être nécessaires et universelles mais ceci ne tranche pas *ipso facto* la question de la réalité de notre connaissance : il faut encore savoir dans quelle mesure les relations que nous dégageons ont une correspondance dans la nature. Tout dépendra de la nature des idées en cause : si ce sont des idées qui sont à elles-mêmes leur propre archétype, la connaissance sera évidemment réelle et c'est ce qui autorisera, d'après Locke, des sciences démonstratives comme les mathématiques et aussi la morale, voire la politique. Dans le cas des idées simples qui conviennent avec la nature des choses, il n'y aura pas non plus de problème (*Essai*, 2-30-2). Il n'en ira pas de même pour les idées complexes de substances. Celles-ci ont leurs archétypes hors de nous et notre connaissance peut manquer d'être réelle. Les substances ont une constitution qui nous est inconnue, aussi ne saisissons-nous pas la connexion nécessaire des qualités par nature et celle des mœurs sont construites : le bénéfice que l'entendement en retire est dans les conclusions qu'il en déduit, lesquelles peuvent lui servir de règles fixes dans la connaissance et, en conséquence, dans la pratique. Mais l'esprit ne tire pas tout le bénéfice qu'il devrait de l'information reçue des comptes rendus des observateurs de la nature ou des mœurs, parce qu'il est trop prompt ou trop lent à faire des remarques sur les faits particuliers qui sont rapportés.

Ainsi, il y a ceux qui, très assidus à la lecture, n'en tirent guère avantage pour leur savoir. Ils se plaisent aux histoires qui leur sont racontées et peut-être peuvent-ils les répéter : de tout ce qu'ils lisent ils ne font que des histoires pour eux-mêmes ; mais, n'y réfléchissant point, ne se faisant pas de remarques sur ce qu'ils lisent, ils ne tirent pas profit de cette foule de faits particuliers qui traversent leur esprit ou s'y logent. Ils poursuivent leur rêve dans leur lecture boulimique, mais comme ils ne digèrent rien, ça ne donne qu'un tas de crudités.

---

lesquelles elles se manifestent dans l'expérience. Du coup, la connaissance dans le cas des substances est connaissance d'une existence réelle, d'une coexistence pour être plus précis. Notre connaissance sera très limitée et dépendra de nos expériences, celles-ci étant non seulement de simples observations mais éventuellement des expériences provoquées (*Essai*, 4-3-26, 4-4-12).

Ceci signifie que dans le domaine des existences, des coexistences de qualités et de propriétés, il n'y a de connaissance que de faits et événements particuliers, à partir desquels on peut plus ou moins induire des principes généraux qui ne seront toutefois que probables. En tout cas, il faut se méfier, dans la connaissance de la nature, des maximes et des principes (*Essai*, 4-12-12 et 13). Ceci a pour conséquence que Locke place souvent dans la même catégorie la connaissance de la nature, celle de l'histoire et celle des mœurs (cf. *Conduite de l'Entendement*, sect. 24 *in fine*). Ceci a aussi pour conséquence que parfois Locke considère la connaissance de la nature comme d'un genre inférieur et place la destination de l'homme dans la moralité, puisqu'elle peut être présentée scientifiquement (*Essai*, 4-12-11) ; mais ceci ne détruit pas la croyance de fond dans les possibilités de progrès scientifique.

Si leur mémoire est bonne, ils ont, peut-on dire, les matériaux du savoir, mais, comme pour les matériaux de construction, si on n'en fait d'autre usage que de les laisser en tas, ils ne servent à rien. En revanche, il y en a d'autres qui perdent l'avantage qu'ils devraient tirer des faits, par une conduite toute contraire. Ils sont capables de tirer des conclusions générales et de faire des axiomes de tout ce qu'ils rencontrent de particulier. Mais ils tirent aussi peu bénéfice de l'histoire que les autres, et bien plus, avec leurs esprits prompts et actifs, ils en reçoivent du dommage car il est bien pire de mettre en branle ses pensées sur une règle fausse que de n'en avoir aucune ; l'erreur fait plus de mal aux hommes actifs que l'ignorance aux lents et lourds. Entre ces deux sortes, il semble que procèdent le mieux ceux qui, prenant les matériaux et les idées utiles, quelquefois à partir d'un seul fait, les conservent dans leur esprit pour en juger d'après ce qu'ils trouveront dans l'histoire pour confirmer ou infirmer ces observations imparfaites, dont on pourra faire des règles solides quand elles seront justifiées par une induction suffisante et circonspecte à partir des cas particuliers. Celui qui ne réfléchit pas ainsi sur ce qu'il lit ne fait que se bourrer la tête d'une rhapsodie de contes bons pour le divertissement des autres les nuits d'hiver. Quant à celui qui transforme tout fait en maxime, il sera riche en observations contraires qui ne lui serviront qu'à le rendre perplexe, à l'embarrasser s'il les compare, ou à l'égarer s'il se place sous l'autorité de telle maxime qui lui plaît plus, pour sa nouveauté ou toute autre raison fantaisiste.

§ 14. DES INCLINATIONS

Nous rapprocherons de ces derniers ceux qui acceptent que leurs humeurs naturelles et les passions qui les possèdent

influencent leurs jugements[31], en particulier à propos des
hommes et des choses qui peuvent d'une manière ou d'une
autre avoir rapport à leurs particularités et à leur intérêt
présents. La vérité est toute simple et toute pure, elle ne saurait
souffrir aucun mélange étranger. Elle est rigide, et inflexible
aux intérêts particuliers, quels qu'ils soient. Et il devrait en être
de même de l'entendement dont l'usage et l'excellence consistent à se conformer à la vérité. Penser chaque chose seulement
telle qu'elle est en elle-même[32] est l'affaire propre de l'entendement, quoique ce ne soit pas la manière dont les hommes
procèdent toujours. Certes, d'emblée, cet usage est celui qu'ils
reconnaissent comme l'usage correct que chacun devrait faire
de son entendement. Personne n'a une défiance si ouverte pour
le sens commun qu'il professe que nous ne devrions pas
essayer de connaître et penser les choses telles qu'elles sont en
elles-mêmes. Et pourtant, il n'y a rien de plus fréquent que de
faire le contraire. Les hommes d'ailleurs se trouvent des
excuses et pensent qu'ils ont raison de faire ainsi dès qu'ils ont
de quoi prétendre que c'est pour Dieu ou une bonne cause,
c'est-à-dire en fait pour eux-mêmes, leurs opinions ou leur
secte. Et celles-ci, à leur tour, en particulier en matière de
religion, mettent en avant Dieu ou une bonne cause. Mais Dieu
ne demande pas que les hommes trompent leurs facultés ou en
mésusent pour lui ni qu'ils mentent à autrui ou à eux-mêmes

31. L'influence des passions est ce que toute pédagogie doit combattre et
s'efforcer d'éliminer. « Le grand principe, le fondement de toute vertu, de tout
mérite, c'est que l'homme soit capable de se refuser à lui-même la satisfaction
de ses propres désirs, de contrarier ses propres inclinations et de suivre uniquement la voie que la raison lui indique comme la meilleure, quoique ses appétits
l'inclinent d'un tout autre côté » (*Éducation*, sect. 33).

32. C'est la définition même de la connaissance vraie : « La vérité n'est que
la conjonction ou la séparation des signes suivant que les choses même
conviennent ou disconviennent entre elles » (*Essai*, 4-5-2). *Cf.* notes 30 et 26.

pour son amour. Or, c'est ce que font intentionnellement ceux qui ne souffrent pas que leur entendement ait des conceptions correctes des choses et qui, consciemment, se gardent d'avoir des pensées justes sur les choses, aussi loin qu'il leur appartient de chercher. Quant à la bonne cause, elle n'a pas besoin de mauvaises aides : si elle est bonne, la vérité la soutiendra et elle n'a besoin ni de tromperie ni de fausseté.

§ 15. DES ARGUMENTS

Bien proche de cette méthode est la chasse aux arguments[33] pour donner bonne allure à un côté d'une question et négliger et refuser entièrement les arguments contraires. Qu'est-ce sinon égarer l'entendement volontairement ? C'est si loin de donner à la vérité sa véritable valeur qu'on la dégrade entièrement : on épouse d'abord des opinions qui s'accordent bien avec son pouvoir, son profit ou son crédit, puis on cherche des arguments pour les soutenir. Mais une vérité placée sous une telle lumière ne nous est pas de plus d'utilité qu'une erreur ; car ce que nous pouvons trouver ainsi peut être faux aussi bien que vrai. Et on n'a pas fait son devoir quand on a ainsi buté sur la vérité dans sa marche vers les bénéfices.

Il y a une autre manière, mais plus innocente, de se munir d'arguments, très familière parmi les hommes d'étude ; elle consiste à se munir de tous les arguments pour et contre qu'ils rencontrent à propos des questions qu'ils étudient. Ceci ne les aide pas à juger correctement ni à argumenter avec force, mais seulement à parler prolixement dans l'un et l'autre sens, sans avoir de jugement arrêté et déterminé qui leur soit propre ; car

---

33. *Cf.* note 3 et voir section 44 de la *Conduite de l'Entendement*.

de tels arguments, empruntés aux pensées d'autrui, flottant seulement dans la mémoire, sont là prêts bien sûr à alimenter de copieuses conversations avec une apparence de raison, mais ils sont loin de nous aider à juger correctement. Une telle variété d'arguments ne fait que distraire l'entendement qui s'y fie, à moins qu'il aille plus loin qu'un examen superficiel. C'est laisser la vérité pour l'apparence, afin seulement de satisfaire notre vanité. La seule manière sûre d'aboutir à un savoir est de former dans notre esprit des notions claires et déterminées des choses, avec des noms associés à des idées déterminées[34]. C'est celles-ci que nous devons considérer dans leurs relations et connexions habituelles propres et sans nous amuser avec des noms flottants et des mots à la signification indéterminée que nous pouvons utiliser en plusieurs sens selon notre humeur. C'est dans la perception des connexions habituelles et des rapports que nos idées ont les unes aux autres que le véritable savoir consiste. Et quand un homme a une fois perçu jusqu'où s'étend leur accord et désaccord, il est capable de juger ce que les autres disent, sans avoir besoin d'être mené par leurs arguments qui ne sont pour beaucoup que des sophismes plausibles. Cela lui enseignera à bien poser la question et à bien voir de quoi il retourne. Et, de cette manière, il saura marcher tout seul et penser avec sa propre tête. Alors qu'en réunissant des arguments à apprendre par cœur, il n'est qu'un suiveur. Si bien que si quelqu'un met en question les fondements sur lesquels ces arguments reposent, il est aux abois, trop heureux d'abandonner son savoir obscur.

---

34. *Cf.* note 26 ; *Essai*, 4-12-6, 7 et 14.

§ 16. DE LA HÂTE

Le travail pour le travail est contre nature. L'entendement, comme d'ailleurs les autres facultés, choisit toujours la voie la plus courte pour parvenir à son but ; il voudrait obtenir sur-le-champ le savoir qu'il recherche et se mettre ensuite à autre chose. Mais ceci, qu'il s'agisse de paresse ou de hâte, l'égare souvent et le fait se contenter de manières de procéder impropres et qui ne servent pas l'objectif : quelquefois il se fie au témoignage, là où le témoignage de droit n'a rien à faire, parce qu'il est plus facile de croire que de s'instruire scientifiquement ; quelquefois il se contente d'un argument et s'y repose avec satisfaction comme si c'était une démonstration, alors que la chose examinée n'en est pas susceptible et doit en conséquence être soumise à l'épreuve des probabilités avec examen et comparaison des poids respectifs de tous les arguments pertinents pour et contre[35]. En revanche, dans certains cas, l'esprit est déterminé par la probabilité dans des recherches où il peut y avoir démonstration. Tous ces cas et bien d'autres auxquels la paresse, l'impatience, l'habitude et le manque d'exercice et d'attention conduisent les hommes sont des cas de mauvaise application de l'entendement dans la recherche de la vérité. Pour chaque question, la nature et le type de preuve dont elle est susceptible doivent être considérés, si on veut que la recherche soit ce qu'elle doit être. Ceci économiserait une grande quantité d'efforts souvent mal employés et nous mènerait plus vite à la découverte et à la possession de la vérité dont nous sommes capables. La multiplicité des arguments, en particulier des arguments frivoles comme tous ceux qui sont purement verbaux, n'est pas seule-

35. *Cf.* note 21.

ment peine perdue mais encombre pour rien la mémoire et sert seulement à l'empêcher de saisir la vérité dans les cas susceptibles de démonstration. Dans la démonstration, la vérité et la certitude sont vues et l'esprit s'en empare complètement, tandis que dans l'autre cas il plane, s'amuse de choses incertaines. Dans cette manière superficielle, bien sûr, l'esprit est capable de plus de bavardages plausibles mais il n'est pas avancé, comme il devrait l'être, dans son savoir. C'est à ces mêmes hâte et impatience de l'esprit qu'on doit aussi la tendance à ne pas rapporter les arguments à leurs vrais fondements. Les hommes voient un petit peu, présument beaucoup et du coup sautent à la conclusion. C'est une manière rapide d'arriver à la fantaisie et à la chimère et, pour peu qu'on les embrasse fermement, à l'entêtement, mais c'est sûrement la route la plus éloignée pour aller au savoir. Car celui qui veut savoir doit voir la vérité par la connexion des preuves et par les fondements sur lesquels elle repose. Et donc, s'il a par hâte glissé sur ce qu'il aurait dû examiner, il lui faut recommencer et tout reprendre, ou alors il n'atteindra jamais le savoir.

§ 17. Du décousu

Un autre défaut aux conséquences aussi fâcheuses, qui naît de la paresse mêlée de vanité, consiste à glisser d'une sorte de savoir à un autre. Il y a des hommes qui sont vite lassés d'une seule chose. La constance et l'assiduité sont choses qu'ils ne peuvent pas supporter[36] : la continuation de la même étude leur est aussi intolérable que garder longtemps les mêmes vêtements ou la même mode l'est à une dame de cour.

36. *Cf.* note 75. Sur le flux des idées, les difficultés de l'attention, voir sections 30, 41, 45 de la *Conduite de l'Entendement*.

§ 18. DE LA TEINTURE SUPERFICIELLE

D'autres, pour avoir l'air de tout savoir, se donnent une petite teinture en tout. Ces deux sortes de gens peuvent bien se remplir la tête de notions superficielles des choses, mais ils sont bien loin du chemin qui permet d'atteindre la vérité ou le savoir.

§ 19. DU SAVOIR UNIVERSEL

Je ne parle pas ici contre ceux qui veulent goûter de toutes les sortes de savoir; c'est certainement très utile et nécessaire pour former l'esprit; mais alors on doit le faire de manière différente et à des fins différentes : non pour bavarder, ni pour la vanité de se remplir la tête de brimborions en sorte que, avec une telle camelote, on puisse accorder sa conversation avec tous ceux qu'on rencontre, comme si on n'ignorait rien. La tête de telles personnes est un magasin si bien garni qu'il n'y a rien qu'elles n'aient maîtrisé et dont elles ne soient prêtes à entretenir quiconque. J'avoue que c'est un mérite, et très grand, d'avoir un savoir réel et véritable en tout ou sur la plupart des objets sur lesquels on peut réfléchir. Mais c'est ce que l'esprit d'un seul homme peut à peine réaliser. Et les cas de ceux qui s'en sont, à des degrés divers, approchés sont si peu nombreux que je ne sais pas si je dois les proposer comme exemples dans la conduite ordinaire de l'entendement. Pour un homme, comprendre les devoirs de son rôle particulier dans la communauté et les devoirs religieux de son rôle dans le monde suffit déjà à prendre tout son temps[37]. Et même il y en a peu qui s'infor-

---

37. *Cf.* note 22. Même si on ne peut accéder au savoir universel, il est possible en quelque sorte de rentabiliser ses facultés. Là certes est le rôle de

ment en ces choses, qui sont l'affaire propre et particulière de chacun, aussi à fond qu'ils devraient. Mais, bien qu'il en soit ainsi, et qu'il y ait bien peu d'hommes qui étendent leurs pensées jusqu'à un savoir universel, pourtant je ne doute pas que si on prenait le bon chemin et si les méthodes de recherche avaient l'ordre qu'il faut, les hommes aux occupations restreintes et au loisir important pourraient aller bien plus loin que c'est le cas habituellement. Pour ce qui nous intéresse, la fin et l'usage d'avoir des lumières dans les domaines du savoir qui ne sont pas strictement notre affaire sont d'accoutumer l'esprit à toutes sortes d'idées et aux manières appropriées d'examiner leurs connexions habituelles et leurs relations. Ceci donne à l'esprit de la liberté et l'exercice de leur entendement dans les diverses manières de chercher et de raisonner, dont les plus habiles ont fait usage enseigne à l'esprit la sagacité, la circonspection et une souplesse à s'appliquer avec précision et dextérité aux tours et contours de la chose examinée dans chaque cas. En outre, ce goût universel pour toutes les sciences, accompagné de détachement sans que l'esprit soit hypnotisé par une en particulier, sans que grandissent son amour et son admiration pour celle qu'il chérit le plus, préviendra un autre mal communément observable chez ceux qui, dès le début, ont été soumis à un seul aspect du savoir. Qu'un homme se consacre à une seule sorte de savoir et elle deviendra tout pour lui. L'esprit prendra une telle teinture de la familiarité avec cet objet que tout le reste, quelque éloigné qu'il soit, sera placé sous le même éclairage. Un métaphysicien ramènera immédiatement le labourage et le jardinage à des

l'exercice, mais aussi celui de divers artifices et techniques comme la sténographie (*Éducation*, sect. 161) ou les manières de présenter les journaux personnels, de prendre des notes (cf. *Works*, t. III, p. 334 *sq.* : *a new method of a Commonptace Book*).

notions abstraites; l'histoire naturelle n'aura pas de sens pour lui. Un alchimiste, au contraire, réduira la divinité aux principes de son laboratoire, expliquera la moralité par le sel, le soufre et le mercure, et il transformera les Écritures et les mystères sacrés qui s'y trouvent en pierre philosophale. J'ai entendu un jour un homme, qui avait un sens musical dépassant l'ordinaire, accommoder les sept jours de Moïse à la sauce de la notation musicale, comme si c'était de là qu'avaient été tirées la mesure et la méthode de la création. Ce n'est pas une mince affaire que de préserver l'esprit d'être ainsi possédé, ce à quoi on arrive, je pense, le mieux en lui donnant une vue impartiale et égale du monde intellectuel en son entier par quoi il peut voir l'ordre, l'ordonnancement et la beauté du tout, et donner une juste place aux provinces diverses des différentes sciences dans l'ordre et l'utilité qui conviennent à chacune.

S'il y a là quelque chose que les personnes d'âge ne trouveront pas nécessaire et n'accepteront pas aisément, il est au moins bon qu'on le pratique dans l'éducation de la jeunesse. L'affaire de l'éducation, comme je l'ai déjà observé, n'est pas, je pense, de rendre parfait dans une quelconque science mais d'ouvrir et disposer les esprits de manière à les rendre aptes du mieux possible à l'une d'elles, quand il leur faudra s'y appliquer. Si les hommes sont pendant longtemps accoutumés seulement à une seule sorte ou à une seule méthode de pensée, leur esprit s'y raidit et ne se tourne plus aisément ailleurs. C'est donc pour donner cette liberté que, je pense, on doit faire regarder toutes sortes de savoir et exercer l'entendement sur une grande variété d'objets. Je ne propose pas cela pour la variété des objets elle-même, mais pour la variété et la liberté de la pensée, à titre d'élargissement des pouvoirs et de l'activité de l'esprit, et non point d'augmentation de ses possessions.

§ 20. DE LA LECTURE

C'est en ceci que les grands liseurs peuvent se fourvoyer. Ceux qui ont tout lu, on pense qu'ils comprennent tout. Mais il n'en est pas toujours ainsi. Les lectures ne procurent à l'esprit que les matériaux du savoir. C'est la pensée qui fait nôtre ce que nous lisons. Nous sommes de l'espèce des ruminants et il ne suffit pas de nous bourrer d'une charge de choses ramassées. Il nous faut les remâcher, sans quoi elles ne nous donnent ni force ni nourriture. Il y a, c'est certain, chez quelques écrivains, des exemples évidents de pensées profondes, de raisonnement serré et aigu, d'idées bien suivies. La lumière qu'ils donnent serait de grande utilité si les lecteurs les observaient et les imitaient. Tout le reste n'est au mieux que faits particuliers susceptibles d'être transformés en savoir. Mais cela ne peut se faire que par notre propre méditation et l'examen de l'étendue, de la force et de la cohérence de ce qui est dit. Aussi loin que nous appréhendons et voyons la connexion des idées, aussi loin est ce nôtre. Sans cela, ce ne sont que morceaux détachés flottant pêle-mêle dans notre cerveau. On peut garnir la mémoire, mais le jugement n'en est guère meilleur et la quantité de connaissance n'est pas augmentée par le fait qu'on est capable de répéter ce que les autres ont dit ou de reproduire les arguments qu'on a trouvés chez eux. Un savoir de cette sorte n'est qu'un savoir par ouï-dire, et quand on en fait parade, ce n'est au mieux que par cœur et souvent d'après des principes faible et faux. Car tout ce qu'on trouve dans les livres n'est pas construit sur des fondations vraies ni toujours correctement déduit des principes sur lesquels on prétend qu'il est construit. Et un examen de la sorte, qui est nécessaire pour s'en rendre compte, tout lecteur n'est pas prêt à le faire, surtout parmi ceux qui se sont dévoués à un parti et sont à la poursuite de tout ce qu'ils peuvent gratter en faveur et en soutien de leurs thèses. De tels hommes s'excluent eux-mêmes volontairement de la vérité et de tout le bénéfice qu'on peut recevoir en lisant. D'autres, qui ont plus d'indifférence, manquent souvent d'attention et d'application. L'esprit n'est pas prompt de lui-même à suivre tout argument jusqu'à son origine et à voir sur quelle base il repose et avec quelle solidité. Et pourtant c'est ce qui donne tant d'avantages à un homme sur un autre dans la lecture. L'esprit devrait être astreint par de sévères règles à cette tâche, au premier abord malaisée; l'habitude et l'exercice lui donneront de la facilité, de telle sorte que ceux qui y sont habitués voient pour ainsi dire d'un seul coup d'œil l'argument et voient, dans la plupart des cas, ce sur quoi il repose. Ceux qui ont cette faculté, peut-on dire, ont la vraie clef des livres et le fil qui peut les conduire, à travers le labyrinthe de la diversité des opinions et des auteurs, jusqu'à la vérité et la certitude. C'est ce à quoi on devrait introduire les débutants, ce dont on devrait leur montrer l'usage, pour qu'ils profitent de leur lecture. Ceux qui ne connaissent point ce procédé peuvent penser que c'est un trop grand obstacle sur la route de l'étude et supposer qu'ils ne feront que peu de progrès si, dans les livres qu'ils lisent, ils doivent examiner et suivre en détail chaque argument et remonter pas à pas jusqu'à son origine.

J'avoue que c'est une bonne objection et qui doit avoir du poids auprès de ceux pour qui la lecture tend plus à servir la conversation que le savoir, et je n'ai rien à répondre. Mais je mène ma recherche ici sur la conduite de l'entendement dans son progrès vers le savoir, et à ceux qui y tendent, je peux dire que celui qui va tranquillement et doucement dans une course bien orientée, sera plus vite au terme de son voyage que celui qui court après tous ceux qu'il rencontre, même s'il va au grand galop tout le jour.

À quoi on peut ajouter que cette manière de penser sur ce qu'on lit et d'en profiter n'est un obstacle et une difficulté qu'au début. Quand l'habitude et l'exercice l'ont rendue familière, on la pratique la plupart du temps sans arrêt ou interruption de la lecture. Les mouvements et les vues d'un esprit exercé de cette manière sont merveilleusement rapides. Et un homme habitué à cette sorte de réflexions voit tant de choses en un clin d'œil qu'il faudrait un long discours pour les exposer à un autre dans une déduction complète et graduelle. Outre cela, les premières difficultés passées, le plaisir et les avantages sensibles apportés encouragent puissamment et illuminent l'esprit dans sa lecture qui, sans cela, est très improprement appelée une étude.

§ 21. DES PRINCIPES INTERMÉDIAIRES

À titre d'aide, je pense qu'on peut proposer que pour économiser la peine de remonter chaque fois jusqu'à des premiers principes éloignés, l'esprit se ménage plusieurs étapes. Je veux dire des principes intermédiaires[38] auxquels il

---

38. Comme on l'a vu (note 16), les maximes ou axiomes doivent être évidents. Il n'y a pas de propositions qui aient un privilège particulier à porter ce titre. Aussi y a-t-il un aspect décisoire dans le choix des maximes. Ceci vaut pour les principes intermédiaires qui ont essentiellement une fonction pratique. Ils évitent qu'on ait à parcourir à chaque fois toute la chaîne des raisonnements. En ce sens leur connaissance a (et doit avoir) une évidence habituelle (*Essai*, 4-18) : ceci signifie que leur connaissance a dû être une fois actuelle (évidence immédiate), même si maintenant la preuve en est oubliée compte tenu des bornes de notre entendement qui ne peut tout garder sous son attention. Il faut

puisse avoir recours dans l'examen des questions qu'il rencontre sur son chemin. Ces principes intermédiaires, bien qu'ils ne soient pas des principes évidents par eux-mêmes, s'ils ont toutefois été tirés de principes de ce genre par une déduction rigoureuse et soigneuse, peuvent être considérés comme des vérités certaines et infaillibles et servir de vérités indubitables pour prouver d'autres points qui dépendent d'eux plus étroitement que des maximes éloignées et générales. Ils peuvent servir de bornes indicatrices pour montrer ce qui est sur le chemin de la vérité et ce qui est tout à fait en dehors. Ainsi procèdent les mathématiciens qui, à chaque nouveau problème, ne remontent pas jusqu'aux premiers axiomes à travers toute la série des propositions intermédiaires. Certains, théorèmes qu'ils se sont fixés pour eux-mêmes sur de bonnes démonstrations leur servent à analyser de multiples propositions dérivées, qui en sont aussi solidement déduites que si l'esprit avait parcouru de nouveau tous les chaînons de la série qui les rattache aux premiers principes évidents par eux-mêmes. Dans les autres sciences, il faut prendre grand soin d'établir ces principes intermédiaires avec autant de prudence, d'exactitude et d'indifférence que les mathématiciens le font pour établir leurs grands théorèmes. Quand ce n'est pas le cas et que l'on prend ses principes pour telle ou telle science sur le crédit d'autrui, l'inclination, l'intérêt, etc., en hâte et sans un examen en bonne forme ni une preuve indubitable, on se tend à soi-même un piège, et on fait tout son possible pour soumettre son entendement à l'erreur, à la fausseté et au mensonge.

toutefois que l'on ait affaire aux mêmes idées et que des idées semblables gardent les mêmes rapports (*Essai*, 4-1-9).

§ 22. DE LA PARTIALITÉ

De même qu'il y a une partialité à l'égard des opinions qui, comme nous l'avons déjà observé, peut égarer l'entendement, de même il y a aussi une partialité envers les études qui est aussi préjudiciable à la connaissance et à son progrès.

Les sciences dans lesquelles on est particulièrement versé, on est enclin à les estimer au-dessus des autres, comme si la partie du savoir avec laquelle chacun est familier était la seule à valoir la peine qu'on la possédât et que le reste était amusement vide et vain, d'aucune valeur et d'aucune importance en comparaison. C'est là l'effet de l'ignorance et non du savoir d'être gonflé de vaines flatulences intellectuelles, et ceci naît d'une compréhension étroite et chancelante. Il n'y a point de mal à ce que chacun chérisse la science dont il a fait son étude particulière. La vue de ses beautés et le sens de son utilité donnent à un homme plus de plaisir et de chaleur dans sa recherche et les progrès qu'il y fait. Mais le mépris de tout le reste du savoir, comme si ce n'était rien en comparaison du Droit ou de la Physique ou de l'Astronomie ou de la Chimie ou peut-être de quelque province plus restreinte du savoir, dont on a une teinture et où l'on est quelque peu avancé, n'est pas seulement la marque d'un esprit vain et petit. Ceci cause du préjudice à la conduite de l'entendement, en ceci qu'on le contient dans des limites étroites et qu'on l'empêche de regarder au-delà, vers d'autres domaines du monde intellectuel[39], peut-être plus beaux et plus féconds que celui qu'on a jusqu'alors travaillé et où l'on pourrait trouver, outre un nouveau savoir, des possibilités de mieux cultiver son entendement.

---

39. Toujours sur les vues partielles, *cf.* note 7.

§ 23. DE LA THÉOLOGIE

Il y a, certes, une science (selon les distinctions actuelles) incomparablement au-dessus du reste quand on ne la rabaisse pas à être un commerce ou un parti pour des raisons médiocres ou perverses et des intérêts séculiers ; je veux parler de la théologie [40] qui, contenant la connaissance de Dieu et de ses

---

40. La théologie est, d'après Locke, une science où l'on peut parvenir à la connaissance certaine et au savoir (*Knowledge*). Trois points sont à envisager : l'idée de Dieu, l'établissement de l'existence de Dieu, la question de la Révélation.

a) *L'idée de Dieu :* elle n'est pas innée (*Essai*, 1-3-8). Il faut, pour parvenir à cette idée, « employer ses pensées à des recherches sur la constitution et les causes des choses » (*Essai*, 1-3-8, 11 et 16). On affine peu à peu l'idée complexe de Dieu en partant des idées de réflexion concernant notre propre être et nos propres facultés, en les modifiant par l'addition de l'idée d'infinité (*Essai*, 2-23-33). C'est par analogie avec notre esprit – que nous connaissons intuitivement et immédiatement – que nous formons l'idée de bleu. Toutefois, nous ne pouvons en parler qu'analogiquement aussi (lettre à A. Collins du 29 juin 1704) : en fin de compte, il n'y a pas de connaissance réelle et adéquate de Dieu et il en va de Dieu comme des substances dont nous ne connaissons pas l'essence réelle. On peut donc dire qu'on conçoit Dieu d'après l'expérience de ce qu'il y a de plus haut en nous (*Essai*, 2-23-35). Nous avons une simple idée de Dieu. Ceci fait que Locke récuse la preuve ontologique : « avoir l'idée de quelqu'un dans l'esprit ne prouve pas plus l'existence de cette chose, que le portrait d'un homme ne prouve son existence dans le monde ou que les visions d'un rêve ne font une histoire vraie » (*Essai*, 4-11-1). Tout ce à quoi une idée peut nous mener c'est au plus à l'idée d'existence supposée.

b) Les choses sont en revanche plus certaines du point de vue de la démonstration de l'existence de Dieu. Comme on l'a dit, l'argument ontologique n'est pas concluant ; mais il n'est pas le seul. Une existence réelle ne peut pas être supposée, elle ne peut être établie qu'à partir d'une existence réelle. Or nous avons une idée claire de notre propre être et nous savons, d'autre part, que tout ce qui existe doit avoir une cause de son commencement d'existence. Il faut donc qu'il y ait eu quelque chose source de tout pouvoir (eu égard à nos propres

créatures, nos devoirs envers lui et nos frères, et une vue de
notre état présent et de notre état futur, est l'enveloppe de tout
savoir, quand on la dirige vers sa vraie fin, à savoir l'honneur et
la vénération du créateur et le bonheur de l'humanité. C'est
cette noble étude qui est le devoir de chacun, et quiconque
peut être qualifié de créature raisonnable en est capable. Les
ouvrages de la nature et les textes de la Révélation la présentent

pouvoirs) et de toute connaissance (eu égard à notre propre connaissance) :
Dieu (*Essai*, 4-10-2 à 6). Mais on peut aussi établir l'existence de Dieu à partir
de l'existence des faits de la nature.

c) En ce qui concerne la révélation, par opposition aux autres formes de
témoignage, les manifestations divines commandent la plus entière certitude
(*Essai*, 4-16-14). Notre assentiment à la révélation divine est la foi. Mais tout le
problème est de savoir si c'est vraiment la révélation divine. S'il n'y a pas
révélation, il y a seulement enthousiasme (*cf.* note 27). En fait les événements
miraculeux sont commandés par des lois, mais qui dépassent celles que le spec-
tateur peut découvrir par ses propres forces, et la révélation ne conduit pas à une
foi irrationnelle mais à un assentiment fondé sur la plus haute raison (*Essai*, 4-
16-14); en tout état de cause, il faut prendre en considération de sévères
restrictions (*Essai*, 4-18).

Ces trois points présentés, il apparaît qu'il suffit d'un peu de réflexion pour
parvenir à l'essentiel des vérités religieuses et en ce sens tout le monde peut
accéder à ce niveau. Enfin, si la théologie est si essentielle aux yeux de Locke,
c'est non seulement eu égard à la dignité de son objet mais pour ses implications
éthiques. À partir de l'idée de Dieu comme législateur, on parvient à l'idée de
loi et à celle d'une obligation à respecter (*Essai*, 1-3-8). De même va-t-on de
l'idée de la punition de l'homme pêcheur dans l'autre monde à celle d'un Dieu
punisseur, de celle-ci à l'idée d'une punition juste, de celle de punition juste à
celle de faute, de celle de faute à l'idée de la possibilité de faire autrement, puis à
celle d'auto-détermination et enfin à l'affirmation de la liberté de l'homme
(*Essai*, 4-17-4). Ainsi, à partir de la théologie, on peut approfondir la Morale, le
Droit, etc. Aussi Locke envisage-t-il explicitement une science de la moralité
démonstrative, reposant d'une part sur l'idée d'un être suprême, infini en
pouvoir, en bonté et en sagesse, qui nous a créés et dont nous dépendons, et
d'autre part sur l'idée de nous comme créatures raisonnables et intelligentes
(*Essai*, 4-3-18).

en lettres si grandes et si visibles à l'humanité que ceux qui ne sont pas complètement aveugles peuvent la lire et en avoir les premiers principes et les parties les plus indispensables. À partir de là, selon leur loisir et leurs efforts, ils peuvent aller jusqu'aux parties les plus abstruses et pénétrer jusqu'à ces profondeurs infinies remplies des trésors de la sagesse et du savoir. Telle est cette science qui donnerait vraiment de l'étendue à l'esprit si on l'étudiait ou permettait de l'étudier partout avec cette liberté, cet amour de la vérité et cette charité qu'elle-même enseigne, et si on n'en faisait pas, au mépris de sa nature, une occasion de guerre civile, de factions, de malignités et de contraintes mesquines. Je n'en dirai pas plus ici, sinon que c'est indubitablement un mauvais usage de son entendement que d'en faire la règle et la mesure d'autrui, usage pour lequel il n'est pas fait et dont il n'est pas capable.

§ 24. DE LA PARTIALITÉ

Cette partialité, pour une discipline, quand elle n'a pas une autorité qui rende toutes les autres études insignifiantes ou méprisables, suscite en nous tant d'indulgence qu'on s'y fie jusqu'à en faire usage dans d'autres parties du savoir où elle n'est pas pertinente et avec laquelle elle n'a aucune sorte d'affinité. Quelques hommes sont si habitués aux figures mathématiques que, donnant la préférence aux méthodes de cette science, ils introduisent des lignes et des diagrammes jusque dans l'étude de la divinité ou les recherches politiques comme si on ne pouvait rien connaître sans elles. D'autres, accoutumés aux spéculations lointaines, traduisent la philosophie naturelle en notions métaphysiques et en généralités abstraites de logique. Et combien souvent peut-on trouver la

religion et la moralité traitées comme au laboratoire et préten-
dument améliorées par les méthodes et notions de la chimie.
Mais celui qui veut prendre soin de la conduite de son entendement pour le conduire droit au savoir des choses, doit éviter
tous ces mélanges prohibés et non point, par tendresse pour ce
qu'il a trouvé utile et nécessaire dans une science, le transférer
ailleurs où cela ne sert qu'à confondre et rendre perplexe
l'entendement. Il est certain que *les choses ne souffrent pas
d'être mal dirigées*, mais il est non moins certain que *les choses
ne souffrent pas d'être mal comprises*. Les choses mêmes
doivent être considérées comme elles sont en elles-mêmes
et elles nous montreront alors comment elles doivent être
comprises. Car pour en avoir des conceptions correctes, nous
devons soumettre notre entendement à leur nature inflexible et
aux relations inaltérables qu'elles entretiennent[41] et non pas
entreprendre de soumettre les choses à des notions préconçues
de notre crû.

Il y a une autre partialité fort commune chez les gens
d'étude, non moins préjudiciable ni ridicule que la précédente : c'est la tendance chimérique et débridée à attribuer tout
le savoir aux seuls Anciens ou aux seuls Modernes. Cet entêtement pour l'Antiquité en matière de poésie, Horace l'a décrit
et exposé avec esprit dans une de ses satires. Mais on peut
trouver la même sorte de folie à propos de toutes les autres
sciences. L'un n'admettra pas une opinion non autorisée par
les Anciens, qui étaient tous des géants en matière de savoir.
On ne peut rien mettre dans le trésor de la vérité ou du savoir,
qui ne porte le sceau de la Grèce ou de Rome. Et on admettra à
peine que depuis lors les hommes aient pu voir, penser ou
écrire. D'autres avec une même extravagance méprisent tout

41. *Cf.* notes 26, 30, 32.

ce que les Anciens nous ont laissé et, entichés des inventions et découvertes modernes, laissent de côté tout ce qui a précédé comme si tout ce qui est appelé ancien devait subir les atteintes du temps et comme si la vérité aussi était condamnée à moisir et pourrir. Mais les hommes, je crois, ont été les mêmes en tous temps en ce qui concerne leurs dons naturels. La mode, la discipline et l'éducation ont créé de grandes différences entre les époques des pays et fait que les générations diffèrent beaucoup les unes des autres dans les arts et les sciences. Mais la vérité reste toujours la même, le temps ne l'altère pas et elle n'est pas meilleure ou pire selon qu'elle vient de l'ancien ou du nouveau. Beaucoup d'hommes, dans les premiers âges, ont été éminents pour leur découverte et leur transmission de la vérité ; mais bien que le savoir qu'ils nous ont légué mérite notre étude, ils n'ont pourtant pas épuisé le trésor ; ils ont laissé beaucoup à l'industrie et à la sagacité de leurs successeurs et nous en ferons de même[42]. Ce qui pour eux était nouveau, maintenant on le reçoit en vénérant son antiquité mais ce n'était pas moins intéressant dans sa nouveauté. Et ce que nous embrassons de nouveau maintenant apparaîtra vieux à la postérité, mais sans être moins vrai ni moins naturel. De ce point de vue il n'y a pas un seul moyen d'opposer les Anciens et les Modernes ou de mépriser les uns ou les autres. Celui qui

---

42. Dans tous les cas où la connaissance doit compter avec la réalité de choses auxquelles elle cherche à être conforme, il y a limitation de notre connaissance et en même temps possibilité de progrès. Tel est en particulier le cas de la connaissance des faits et de la connaissance des substances. Ce n'est qu'en essayant qu'on peut augmenter ce savoir (*Essai*, 4-12-9). Ces essais ne relèvent pas de la contemplation d'idées : ils sont pratiques ; ce n'est qu'en faisant des expériences qu'on saura quelles qualités coexistent dans les substances. Il y a chez Locke un très vif sentiment que la science n'a encore qu'égratigné la surface des choses. Ce qui rend parfaitement inutile toute querelle des Anciens et des Modernes.

conduit sagement son entendement à la poursuite du savoir recueillera les lumières et les aides qu'il peut de chacun, selon ce qu'il y a de meilleur à prendre, sans adorer les erreurs ni rejeter les vérités qu'il peut y trouver mélangées.

Il y a une autre partialité observable, favorable chez les uns aux idées communes, chez les autres aux idées hétérodoxes[43]. Certains sont enclins à conclure que l'opinion commune ne peut être que vraie. Tant d'yeux ne peuvent que bien voir, tant d'esprits de toutes les sortes ne peuvent se tromper ; aussi ne s'aventureront-ils pas à regarder plus loin que les notions reçues par l'époque, l'endroit, et ne seront-ils pas présomptueux au point de prétendre être plus sages que leurs voisins. Ils sont satisfaits d'aller avec la foule et d'aller sans difficulté ; ce qui leur semble être aller droit ou du moins leur suffit aussi bien. Mais, bien que *vox populi vox Dei* ait prévalu comme maxime, je ne me rappelle pas en quel endroit Dieu a transmis ses oracles par l'intermédiaire de la multitude, ou la nature ses vérités par la foule. À l'opposé, d'autres évitent toutes les opinions communes comme ou bien fausses ou bien frivoles. Le mot même de bête à plusieurs têtes leur est une raison suffisante pour conclure qu'aucune vérité de poids ou d'importance ne peut s'y trouver. Les opinions communes sont taillées pour des capacités communes et pour servir les fins de ceux qui gouvernent. Celui qui veut connaître la vérité des choses doit abandonner les sentiers battus que seuls des esprits faibles et serviles peuvent encore se plaire à suivre toujours. D'aussi délicats palais ne se plaisent qu'à des notions

43. Le sens commun n'a pas forcément raison parce que justement l'exercice et l'éducation établissent des différences de fait entre des entendements au départ égaux. Mais l'hétérodoxie ne vaut pas forcément mieux : il peut s'y mêler de la passion, du plaisir rhétorique à vaincre ; et en tout état de cause, les vues d'un homme à l'entendement borné sont nécessairement partielles.

étranges tout à fait hors du commun. Tout ce qui est communément reçu a, à leurs yeux, la marque animale et c'est pour eux un abaissement que d'y prêter l'oreille ou de le recevoir. Leur esprit ne court qu'après les paradoxes, ce sont ces paradoxes qu'ils recherchent, embrassent, débitent. Ainsi, pensent-ils, ils se distinguent du vulgaire. Mais les caractères de « commun » ou de « hors de commun » ne sont pas des marques distinguant la vérité de la fausseté et ne devraient donc pas intervenir dans nos recherches. Nous ne devrions pas juger ces choses d'après les opinions mais des opinions d'après les choses. La multitude ne peut que mal raisonner, on peut la suspecter à juste titre, ne pas s'y fier et on ne devrait pas la suivre comme un guide, mais les philosophes, ayant déserté l'orthodoxie de la communauté et les doctrines populaires de leur pays, tombent dans des opinions aussi extravagantes et absurdes que celles jamais soutenues par la foule. Ce serait folie que de ne pas vouloir respirer d'air ni apaiser sa soif avec de l'eau sous prétexte que le vulgaire s'en sert à cet effet. Et s'il y a des commodités de la vie que l'usage commun n'a pas, ce n'est pas une raison pour les rejeter que de prétendre qu'elles ne sont pas dans l'usage ordinaire du pays et que tous les villageois ne les connaissent pas.

C'est la vérité, à la mode ou pas, qui est la mesure du savoir et l'affaire de l'entendement. Tout ce qui est en dehors, que ce soit autorisé par l'accord unanime ou recommandé par sa rareté, n'est rien qu'ignorance ou quelque chose de pire.

Il y a une autre sorte de partialité, par laquelle les hommes se trompent eux-mêmes et rendent leurs lectures de peu d'utilité, je veux dire l'habitude d'embrasser l'opinion des auteurs, de mettre l'accent sur leur autorité quand cela favorise nos propres opinions[44].

Il n'y a rien qui ait fait plus de mal aux gens passant leur vie dans les lettres que de donner le nom d'étude à la lecture et d'assimiler un homme de grande lecture à un homme de grand savoir ou du moins d'en faire un titre d'honneur. Tout ce qui peut être rapporté par l'écriture consiste soit en faits, soit en raisonnements. Les faits sont de trois sortes[45] :

1) Ou bien ils concernent simplement des agents naturels, observables dans les opérations ordinaires des corps les uns sur les autres ; que ce soit le cours visible des choses laissées à elles-mêmes ou dans les expériences humaines, où on applique l'un à l'autre agent et patient d'une manière particulière et artificielle ;

2) Ou bien ils concernent les agents volontaires, plus particulièrement les actions des hommes en société, ce qui donne l'histoire de la vie civile et des mœurs ;

3) Ou bien ils concernent les opinions.

C'est en ces trois choses que consiste, si je ne me trompe, ce qui est communément appelé le savoir. À quoi peut-être certains ajouteraient sous un chapitre distinct la Critique qui n'est au bout du compte qu'un état de fait et se réduit à ceci que

---

44. De manière générale, le danger de la lecture tient à la médiation des mots qui désignent ou ne désignent pas des idées, ont un sens ou non, sans qu'on puisse toujours s'en rendre compte. Ce qui fait qu'en lisant on ne pense pas. D'où l'affirmation lockienne que lire n'est pas étudier.

Quant à l'argument d'autorité, il n'est en aucun cas une raison de se fier à des opinions. À suivre les autorités on se soumet simplement aux orthodoxies locales (*Essai*, 4-15-16) ; *cf.* aussi *Conduite de l'Entendement*, sect. 34. Le témoignage d'autrui quelle que soit son autorité ne peut produire en nous que la croyance en la probabilité. Sur l'*argumentum ad verecundiam*, on consultera dans l'*Essai*, 4-17-19 et 4-20-17 et 18.

45. *Cf.* note 30.

tel homme ou tel ensemble d'hommes utilisait tel mot ou telle phrase en tel sens, c'est-à-dire faisait de tels sons les marques de telles idées.

Sous le chapitre des raisonnements [46], j'englobe toutes les découvertes de vérités générales faites par la raison humaine, qu'elles soient faites par intuition, démonstration ou des déductions probables. Et c'est ce qui est, sinon le savoir à soi seul (car on peut aussi connaître la vérité ou la probabilité des propositions particulières) du moins, à ce qu'on peut supposer, l'affaire tout particulièrement de ceux qui entendent améliorer leur entendement et devenir savants par l'étude.

Les livres et la lecture sont considérés comme de grands secours pour l'entendement et des instruments de connaissance, ainsi qu'on doit accorder qu'ils sont. Pourtant je me permets de demander s'ils ne sont pas pour beaucoup un obstacle et s'ils n'empêchent pas beaucoup d'hommes livresques d'atteindre un savoir solide et vrai. Je crois que je peux me permettre de dire qu'il n'y a pas de domaine où l'entendement ait besoin d'une conduite plus attentive et plus rigoureuse que dans l'usage des livres : sans quoi ils risquent d'être plutôt des amusements honnêtes que des occupations utiles de notre temps et risquent de n'apporter que de petites additions à notre savoir.

Il n'est pas rare de trouver, même parmi ceux qui cherchent le savoir, des hommes qui consacrent tout leur temps avec une assiduité infatigable aux livres, qui se donnent à peine le temps

---

46. Les raisonnements concernent les propositions générales, qu'elles soient intuitives, démonstratives, voire probables. Le savoir au sens strict est souvent dit se limiter à ces propositions générales ; mais compte tenu de sa faible extension, il y a aussi savoir dans le cas de la connaissance des existences et des coexistences. Ce qui est le cas dans la connaissance de la nature, de la société, etc.

de manger ou de dormir mais lisent, lisent encore et lisent toujours et pourtant ne font pas de grands progrès en vrai savoir, et ce, bien qu'il n'y ait pas de défaut dans leurs capacités intellectuelles auxquels on puisse attribuer leur peu de progrès.

§ 25. DE LA HÂTE

L'ardeur et le fort penchant de l'esprit pour la poursuite de la connaissance, si on ne les contrôle pas avec circonspection, sont souvent un obstacle au savoir. L'esprit se presse vers de nouvelles découvertes et de nouveaux objets et saute avidement sur la diversité du savoir[47]; si bien que souvent il ne reste pas assez longtemps sur ce qui est devant lui pour l'examiner comme il conviendrait, par hâte de poursuivre ce qui est encore hors de sa vue. Celui qui court la poste à travers un pays peut bien, d'après le paysage qui défile, dire comment les régions en général sont disposées, donner une description vague ici d'une montagne, là d'une plaine, ici d'un marécage, là d'une rivière, ici d'une région boisée, là d'une savane. Des idées et des observations aussi superficielles il peut bien les rassembler au galop; mais l'observation plus utile des sols, des plantes, des animaux, des habitants, avec leurs différentes sortes et propriétés, doit de toute nécessité lui échapper. Il est rare en effet que les hommes découvrent les mines riches sans creuser

47. L'ardeur de l'esprit est fort ambivalente : il y a, certes, en lui un amour du savoir, mais aussi une recherche moins innocente de la base où on pourra se reposer, voire une instabilité en quelque sorte congénitale de l'attention; *cf.* notes 75, 82, à propos des sections 41 et 45.

un peu[48]. La nature habituellement loge ses trésors et joyaux dans le roc. Si le sujet est épineux, si le sens est caché profondément, l'esprit doit s'arrêter et se mettre sérieusement à l'ouvrage, s'y attacher avec travail, réflexion et examen serré et il ne doit pas l'abandonner avant d'avoir maîtrisé la difficulté et pris possession de la vérité. Mais ici on doit prendre soin d'éviter l'autre extrême : un homme ne doit pas s'attacher à chaque subtilité inutile ni attendre les mystères de la science en chaque question triviale[49] ni chercher tous les scrupules possibles. Celui qui s'arrête pour ramasser et examiner chaque caillou sur son chemin risque aussi peu de revenir riche et chargé de joyaux que celui qui est passé à toute vitesse. Les vérités ne sont ni meilleures ni pires pour leur trivialité ou leurs difficultés mais leur valeur doit être mesurée à leur utilité et à leur pertinence. Les observations insignifiantes ne devraient pas occuper une de nos minutes et celles qui élargissent notre point de vue et procurent de la lumière pour des découvertes nouvelles et utiles ne devraient pas être négligées, même si elles nous arrêtent dans notre démarche et nous font passer du temps dans un état d'attention arrêtée.

Il y a une autre hâte qui peut souvent égarer l'esprit, et l'égare effectivement, s'il est laissé à lui-même et à sa propre conduite. L'entendement est naturellement prompt non seulement à acquérir son savoir dans la diversité (ce qui le fait glisser sur un aspect pour aller rapidement à un autre), mais

---

48. Sur la métaphore de la mine, *cf.* sections 3, 38 ; Locke est particulièrement enclin à ces métaphores de la mine, du minerai, de la gangue, du roc à creuser. L'activité de l'esprit est considérées comme pénétration, acte de creuser. Les oppositions du superficiel et du profond sont fréquentes. Les intérêts contemporains pour la mine et la métallurgie y ont leur part.

49. Sur les questions et les propositions triviales, *cf.* à propos de la section 43, la note 80 ; *cf.* aussi *Essai*, 4-8 entier.

aussi pressé d'élargir ses vues et passant trop vite à des remarques et des conclusions générales sans examiner comme il convient assez de cas particuliers sur quoi fonder ces axiomes généraux [50]. Les hommes croient agrandir leur réserve, mais c'est de fictions non de réalités. De telles théories établies sur des fondations étroites ne tiennent qu'en chancelant et si elles ne tombent pas d'elles-mêmes, elles sont du moins difficiles à soutenir contre les assauts adverses. Ainsi les hommes trop pressés de se faire des notions générales et des théories mal fondées, se trouvent trompés dans le savoir dont ils croient disposer quand ils en viennent à examiner leurs maximes hâtivement admises ou à les voir attaquées par les autres. Des remarques générales tirées de cas particuliers sont les joyaux du savoir, rassemblant beaucoup en peu de place. Mais c'est la raison pour laquelle on doit les faire avec grand soin et grande précaution, de peur que, en prenant le toc pour du vrai, la perte et la honte soient d'autant plus grandes quand on soumet à l'examen ses réserves. Un ou deux cas particuliers peuvent suggérer des idées de recherche et ils sont utiles pour ces suggestions, mais si on en fait des conclusions et des règles générales sur-le-champ, on fait bien sûr preuve de promptitude mais seulement à s'illusionner par des propositions prises comme des vérités sans garantie suffisante. Faire de telles remarques est, comme on l'a déjà noté, faire de sa tête un magasin de matériaux qu'on peut à peine qualifier de savoir. Ou du moins ce n'est qu'un fatras sans ordre ni utilité. Celui qui tire de chaque chose une conclusion a la même abondance inutile et encore plus de fausseté qui s'y mêle. On doit éviter les extrêmes des deux côtés et celui qui peut garder son

---

50. Sur la précipitation à conclure, *cf.* sections 13, 6; *cf.* note 16.

entendement dans le juste milieu est le mieux à même de donner leur juste valeur à ses études.

§ 26. DES ANTICIPATIONS

Que ce soit par amour de ce qui apporte la première lumière et la première information à leur esprit et défaut de vigueur et d'application pour la recherche ou que ce soit parce que les hommes se satisfont de n'importe quelle apparence de savoir, vraie ou fausse, à laquelle ils s'accrochent une fois qu'ils l'ont attrapée, il est évident que beaucoup s'abandonnent aux premières anticipations de leur esprit et s'attachent tenacement aux opinions qui les possèdent les premières. Ils sont souvent aussi entichés de leurs premières conceptions que de leur premier-né et rien ne les fera abandonner le jugement qu'ils ont fait une fois ou la conjecture ou la pensée qu'ils ont formulée une fois. C'est une faute dans la conduite de l'entendement puisque cette fermeté ou plutôt cette rigidité ne provient pas de l'adhésion à la vérité mais de la soumission au préjugé. C'est un hommage déraisonnable payé à la partialité, par quoi nous montrons de la révérence non pas envers la vérité (ce que nous prétendons chercher) mais envers ce sur quoi, par hasard, nous sommes tombés, peu importe quoi. C'est de toute évidence un usage absurde de nos facultés et c'est une parfaite prostitution de l'esprit que de l'abdiquer ainsi et de le mettre sous la coupe du premier venu. On ne peut jamais le permettre ou alors on devrait suivre cette voie, si elle doit mener au savoir, jusqu'à ce que l'entendement (dont la tâche est de se conformer à ce qu'il trouve dans les objets à l'extérieur[51])

---

51. On a déjà vu que la connaissance comme savoir au sens strict (*knowledge*) est définie comme perception de l'accord ou du désaccord des

puisse, par sa propre opiniâtreté, changer les choses et faire que la nature inaltérable des choses s'accorde avec ses déterminations hâtives, ce qui ne sera jamais le cas. Quelques fictions que nous fassions, les choses maintiennent leur cours et leurs connexions habituelles, leurs correspondances et leurs relations entre elles restent les mêmes.

§ 27. DE LA RÉSIGNATION

Au contraire, il y a des hommes qui, par un même dangereux excès, abdiquent toujours leur jugement face au dernier qu'ils entendent ou lisent. La vérité ne s'enracine jamais dans leur esprit, elle ne leur donne pas la moindre couleur. Tels des caméléons, ils prennent la couleur de ce qui se trouve devant eux et aussitôt la perdent et l'abandonnent pour celle qui se trouve ensuite sur leur chemin. Mais l'ordre dans lequel les opinions se proposent à nous ou sont reçues n'est pas ce qui fait leur justesse et ne doit pas être cause qu'on les préfère. Etre la première ou la dernière, en ce cas, est un pur effet du hasard et non pas le critère de la vérité ou de la fausseté. Ceci chacun doit le confesser et chacun devrait donc, dans la poursuite de la vérité, garder son esprit libre de l'influence de tels accidents. On pourrait avec autant de raison tirer à la courte paille ses opinions, décider aux dés de ce qui persuadera qu'entretenir une opinion pour sa nouveauté ou la

---

idées. Cf. *Essai*, 4-13-2 : « Tout ce qu'il y a de volontaire dans notre connaissance, c'est d'appliquer quelques-unes de nos facultés à telle ou telle espèce d'objets ou de les en éloigner et de considérer ces objets avec plus ou moins d'exactitude. Mais ces facultés une fois appliquées à cette contemplation, notre volonté n'a plus la puissance de déterminer la connaissance de l'esprit d'une manière ou d'une autre ».

maintenir parce qu'elle a été la première et qu'on n'a jamais eu un autre avis. Ce sont des raisons bien pesées qui doivent déterminer le jugement; c'est à celles-ci que l'esprit devrait toujours être prêt à prêter l'oreille et à se soumettre, et c'est d'après leur témoignage et leur suffrage qu'il devrait accepter ou rejeter une opinion, qu'elle soit parfaitement inconnue ou une vieille connaissance.

§ 28. DE LA PRATIQUE

Bien que les facultés de l'esprit soient améliorées par l'exercice, on ne doit pas néanmoins les soumettre à plus d'effort qu'elles ne peuvent supporter. Il faut que chacun essaie jusqu'où peuvent aller ses forces : ce doit être la mesure de l'entendement de chacun qui désire non seulement mener à terme ses actions mais aussi conserver la vigueur de ses facultés et non pas entraver son entendement en l'attachant à ce qui est trop difficile pour lui[52]. L'esprit, quand on l'engage dans une tâche au-dessus de ses forces, tout comme le corps qui s'épuise à lever un poids trop lourd pour lui, voit souvent sa force se briser et devient par là inapte ou sans aucun goût pour une tentative ultérieure qui demande de l'effort. Un ligament déchiré recouvre rarement sa force première ou du moins la sensibilité de l'entorse demeure longtemps après et son souvenir encore plus longtemps et laisse ainsi une appréhension durable chez l'homme à soumettre le membre à un effort important. Ainsi en est-il d'un esprit harassé un jour par une

---

52. Les limites de l'entendement sont des limites de champ (on ne peut pas tout embrasser), d'intensité (on ne peut avoir toute l'attention nécessaire), de souplesse (on ne peut parcourir toutes les connexions). L'exercice, en particulier mathématique, peut y remédier dans une certaine mesure ; *cf.* sect. 7.

tentative au-dessus de ses forces. Ou bien il est invalide pour l'avenir ou bien il se cabre devant toute nouvelle entreprise demandant de la force. À tout le moins on l'amène difficilement à exercer de nouveau sa force sur un sujet demandant pensée et méditation. L'entendement devrait être amené graduellement aux parties du savoir difficiles et compliquées qui demandent à la pensée de la force et une complète disposition d'esprit. Dans une telle progression graduelle, rien n'est trop difficile pour lui. Et on ne peut objecter qu'une telle progression lente ne permet jamais d'atteindre toute l'étendue de certaines sciences. On n'imagine pas jusqu'où la constance peut mener un homme. De toute manière, il vaut mieux marcher lentement sur un chemin caillouteux que de se casser une jambe et d'être estropié. Celui qui commence par porter un veau finit par porter un bœuf, mais celui qui commence tout de suite par vouloir porter un bœuf peut s'estropier, si bien qu'il ne puisse ensuite même pas soulever un veau. Quand l'esprit, par des degrés insensibles, s'est habitué à faire attention et à penser exactement, il peut surmonter les difficultés et les maîtriser sans risquer de préjudice et il peut continuer aisément ensuite. Un problème abstrus, une question embrouillée ne le dérouteront pas, ne le décourageront pas et ne le briseront pas. Toutefois, bien qu'on doive éviter de soumettre l'esprit sans préparation à un effort inhabituel qui peut-être le découragera ou l'abattra pour l'avenir, on ne doit pas, par une trop grande timidité face aux difficultés, le faire aller au pas de promenade sur les choses ordinaires et triviales qui ne demandent ni pensée ni application. Ceci avilit et énerve l'entendement, le rend faible et impropre au travail. C'est une sorte de vol à la surface des choses, sans aperçu ni pénétration en elles[53]. Et

53. *Cf.* note 48.

une fois qu'on a habitué l'esprit à cette paresse et à cette quiète satisfaction à la surface évidente des choses, il est en danger d'y rester satisfait et de ne pas aller au plus profond puisqu'il ne peut les faire sans prendre la peine de creuser. Celui qui s'est habitué un temps à prendre ce qui s'offre aisément à première vue a raison de redouter de ne jamais se réconcilier avec la fatigue de tourner et retourner les choses dans son esprit pour découvrir leurs secrets plus cachés mais de plus de valeur.

Il n'y a rien d'étrange à ce que les méthodes pour apprendre auxquelles les élèves ont été habitués à leur début dans les sciences les influencent toute leur vie et demeurent dans leur esprit protégées par un respect inébranlable[54]; surtout si l'usage universel les a établies. Qui apprend doit d'abord croire, et les règles des maîtres ayant été d'abord des axiomes, il n'est pas étonnant qu'elles gardent leur dignité et que, par l'autorité acquise, elles égarent ceux qui estiment suffisant, comme excuse, de s'écarter de leur chemin, à condition que ce soit pour un chemin battu.

§ 29. DES MOTS

J'ai assez abondamment parlé de l'abus des mots ailleurs. Mais, considérant que les sciences en sont remplies, je préviens ceux qui voudraient bien conduire leur entendement de ne pas prendre un terme, quelque autorisé qu'il soit par le langage des écoles, comme désignant une chose avant d'en

---

54. Apprendre, c'est croire un maître, sauf si celui-ci, au lieu d'inculquer des règles, cherche à instituer des usages et des pratiques (*cf.* note 10). Comprendre consiste à savoir faire soi-même.

avoir une idée[55]. Un mot peut être d'usage fréquent, avoir un grand crédit auprès de plusieurs auteurs et être utilisé par eux comme s'il désignait un être réel; pourtant, si celui qui lit ne peut pas former une idée distincte de cet être, c'est certainement pour lui un simple son vide sans la moindre signification. Et il n'apprend pas plus par tout ce qu'on en dit ou tout ce qui lui est attribué que si on l'affirmait seulement de ce simple son vide. Ceux qui voudraient avancer dans le savoir et non pas se tromper ni se gonfler d'un peu d'air articulé, devraient établir comme une règle fondamentale de ne pas prendre les mots pour les choses ni de supposer que les noms dans les livres signifient des entités réelles dans la nature, avant de pouvoir former des idées claires et distinctes de ces entités. On ne me permettra pas de placer les expressions de « formes substantielles » et d'« espèces intentionnelles » parmi ces termes qu'on peut soupçonner de n'avoir pas de sens, mais je suis sûr que pour quelqu'un qui ne peut former aucune idée déterminée de ce qu'ils désignent, ils ne signifient rien du tout. Et tout ce qu'il pense qu'il sait à leur propos est pour lui autant de savoir de rien du tout et revient au plus à une ignorance distinguée. On ne suppose pas sans raison aucune qu'il y a beaucoup de tels termes vides à trouver chez certains auteurs distingués, qui y ont eu recours pour rehausser leurs systèmes là où leur entendement ne pouvait leur fournir des conceptions des choses. Quoi qu'il en soit, je crois que la supposition qu'il y a des réalités dans la nature qui répondent aux mots de cette sorte en a rendu perplexes beaucoup et a tout à fait égaré les autres dans l'étude de la nature. Ce qui dans un discours signifie « je ne sais

---

55. Sur les dangers du verbalisme, *cf.* note 26. Sur les *flatus vocis* scolastiques, cf. *Essai*, 3-10 *in extenso* (de l'abus des mots).

quoi » devrait être examiné « je ne sais quand »[56]. Là où on a vraiment des pensées, on peut, si elles ne sont pas trop abstraites ou abstruses, les expliquer et expliquer les termes qu'on utilise pour les désigner[57]. Car nos conceptions n'étant que des idées faites toutes d'idées simples, si on ne peut donner

56. La manière dont ici Locke souligne l'absence de signification de l'expression « je ne sais quoi » peut être rapprochée du traitement de l'idée abstraite de substance dans l'*Essai* (2-23-1, 2 et 3). À plusieurs reprises, Locke définit nos idées particulières des substances comme celles de collections de qualités rapportées – sans qu'on sache très bien comment – à une idée générale abstraite de substrat, laquelle constitue notre idée de substance en général, dont Locke précise encore qu'elle est « relative et obscure ». Il s'agirait d'un quelque chose, d'un je ne sais quoi. Le texte de la *Conduite de l'entendement* ne laisse, à notre sens, aucun doute sur le caractère ironique du traitement de cette idée d'un quelque chose en général dans l'*Essai*. Du coup, les critiques berkeleyennes pourraient ne s'adresser qu'à la version berkeleyenne de Locke. On pourra consulter sur cette question du concept lockien de substance et sur la question plus générale de la « substantialité » et de l'exemplification des qualités, J. Bennett, *Locke, Berkeley, Hume, central themes*, 1971, Oxford, Oxford University Press, p. 59 *sq.*

57. Si les mots sont des marques des idées, exhiber le sens des mots revient à exhiber l'idée désignée. Lorsqu'on a affaire à des mots désignant des idées complexes, il faudra donc procéder à une explication, quasiment su sens étymologique, des idées intervenant dans le complexe, pour finalement se retrouver avec des idées simples. Cette étape remplie, il reste à exhiber les idées simples ; dans la mesure où les idées simples, tant de sensation que de réflexion, proviennent de l'expérience, le sens des mots qui y renvoient ne peut être appris qu'ostensivement. L'analyse d'une signification renvoie toujours en fin de compte à des démarches d'ostension. On a là un véritable principe de signification, comparable, toutes proportions gardées, au critère néo-empiriste de la signification. L'idée de telles analyses de la signification avec un tel critère se retrouve chez Berkeley, à quelques exceptions concernant les termes qui ne désignent pas des idées mais des notions (vocabulaire psychologique). On retrouve aussi ce point de vue chez Hume avec son fameux principe de la priorité des impressions par rapport aux idées, qui fonctionne comme principe de signification.

les idées que les mots désignent, il est clair qu'on n'en a aucune. À quoi peut bien servir de chercher les idées de quelqu'un qui n'en a pas ou pas de distinctes ? Celui qui ne sait pas ce que lui-même entend par un terme savant ne peut rien nous faire connaître en l'utilisant, qu'on se batte la tête là-dessus ou non. Que nous puissions comprendre ou non toutes les opérations de la nature et toutes leurs formes, ce n'est pas là ce qui compte, mais, bien plutôt, que nous ne puissions pas en comprendre plus que ce que nous concevons distinctement. Et donc imposer des termes là où nous n'avons pas d'idées distinctes, comme s'ils contenaient ou plutôt cachaient quelque chose, n'est qu'un artifice de la vanité savante pour dissimuler un défaut dans une hypothèse ou dans notre entendement. Les mots ne sont pas faits pour cacher mais pour publier et montrer les choses. Quand ceux qui prétendent instruire les utilisent autrement, ils cachent bien quelque chose, mais ce qu'ils cachent n'est rien d'autre que l'ignorance, l'erreur, les sophismes de celui qui parle. Car, en vérité, il n'y a rien d'autre sous eux.

§ 30. DE LA DIVAGATION

Qu'il y ait une succession constante et un flux d'idées dans notre esprit [58], je l'ai remarqué dans la partie précédente de cet essai. Et chacun peut s'en rendre compte en lui-même. Ceci, je pense, peut mériter quelque attention de notre part dans la conduite de notre entendement. Je pense que ce peut être d'un grand avantage de pouvoir par l'usage maîtriser ce pouvoir de manière à diriger cette association d'idées : ainsi, puisque

58. Sur le flux des idées, *cf.* sections 41 et 45 ; *cf.* note 75.

toujours de nouvelles idées entrent dans notre esprit en une constante succession, nous pourrions, par choix, les diriger en sorte que ne puissent intervenir que celles qui sont pertinentes à la recherche en cours et dans l'ordre le plus utile à la découverte après laquelle nous sommes. Au moins il faudrait arriver, si des idées étrangères et non voulues s'offraient, à les rejeter et à les empêcher de détourner l'esprit de ce qu'il poursuit et de l'entraîner loin du sujet en question. Je soupçonne que ce n'est pas aussi facile à faire qu'on peut l'imaginer. Pourtant, pour autant que je sache, c'est peut-être sinon la plus importante du moins une des grandes différences qui mènent certains hommes si loin dans leurs raisonnements par rapport aux autres, alors que naturellement ils semblent avoir des talents égaux. Je serais content de trouver un remède adéquat et efficace à cette divagation de l'esprit. Celui qui en proposera un rendra un grand service à la partie studieuse et contemplative de l'humanité et aidera peut-être ceux qui ne pensent pas à penser. Je dois reconnaître que jusqu'ici je n'ai pas trouvé d'autre manière de maintenir nos pensées attentives à leur affaire que de tenter autant que possible par une attention et une application fréquentes de leur donner ces qualités mêmes[59]. Qui observera les enfants trouvera que, même quand ils font tout leur possible, ils ne peuvent empêcher leur esprit de vagabonder.

---

59. L'attention consiste à remarquer une idée et à l'enregistrer dans la mémoire (*Essai*, 2-19-1); la suite de l'attention est l'étude ou l'effort qui consiste à choisir une idée, à y fixer sa vue et à la considérer sous toutes ses faces. L'attention est extrêmement instable pour deux raisons très différentes : quand elle a affaire à du complexe, il lui est difficile d'embrasser toutes les idées en jeu, eu égard à la limitation du champ de l'esprit ; et, dans tous les cas, les idées ont tendance naturellement à se succéder les unes aux autres sous l'influence de l'association des idées, ce que Locke appelle rêverie (en recourant au terme français). Cf. *Essai*, *ibid.*, *Éducation*, sect. 167.

La manière de les en guérir[60], à mon avis, n'est pas de les gronder avec colère ni de les corriger, car ceci leur remplit la tête sur le moment de toutes les idées que la peur, la crainte, le trouble leur présentent. Ramener doucement leurs pensées vagabondes en les conduisant sur le chemin et en les précédant dans la direction qu'ils devraient suivre sans faire de reproche ni même remarquer (quand c'est possible) leur divagation, voilà, je crois, comment les réconcilier avec l'attention et les y habituer plus vite qu'avec ces méthodes rudes qui distraient leur pensée encore plus et produisent des habitudes contraires en empêchant l'application qu'elles voudraient promouvoir.

§ 31. DE LA DISTINCTION

Distinction et division sont (si je ne me trompe pas sur le sens des mots) des choses très différentes. L'une est la perception d'une différence que la nature a placée dans les choses,

---

60. Locke est très réservé sur les châtiments corporels, à une époque où les pratiques pédagogiques ne lésinaient pas en ce domaine. Les châtiments obtiennent l'obéissance certes, mais d'une manière contraire aux objectifs souhaitables : si l'enfant obéit sous le fouet ou par crainte de la menace, il obéit par inclination naturelle pour le plaisir et peur de la douleur : d'une certaine manière donc on fortifie les mauvaises tendances que l'on voudrait extirper (on se souviendra que pour Locke la conduite morale consiste à se soustraire à ses inclinations naturelles), cf. *Éducation*, sect. 45, 46 *sq.*, sections 72 et *sq.* D'autre part, les châtiments font perdre aux enfants toute vigueur ; enfin, pire que tout, par le jeu spontané de l'attention et de l'association des idées, les châtiments font perdre de vue tout ce qui est en jeu pour ne fixer la pensée que sur la douleur et les circonstances de la punition. En revanche, on trouve un texte tout à fait curieux où Locke préconise des punitions gratuites et bienveillantes destinées à endurcir les enfants : toujours parce que l'habitude peut tout, si on ne doit pas battre comme plâtre les fripons, on peut quand même les endurcir… *Éducation*, sect. 115.

l'autre une division que nous faisons là où il n'y en a pas encore[61]. Pour le moins, si on me permet de les considérer en ce sens, je pense pouvoir dire d'elles que l'une est absolument nécessaire et conduit au savoir véritable, et que l'autre, quand on en abuse, sert seulement à brouiller et confondre l'entendement. Observer chaque moindre différence parmi les choses prouve une vue rapide et claire. Ceci maintient l'entendement constant et droit sur son chemin vers le savoir. Mais, bien qu'il

61. On a vu (note 26) que la distinction est cette caractéristique qui s'attache à une idée différente d'une autre. Cette différence est réelle ou objective, elle est entre les idées. En revanche, une idée est confuse si elle ne peut être différenciée d'une autre, ce qui fait que si la distinction a un fondement réel, la division, au sens où Locke la prend ici, concerne des idées confuses ; on choisit arbitrairement un trait et on l'isole ; cette isolation n'étant pas fondée *in re*, elle ne peut être assurée que linguistiquement : un mot sert de marque à cette division faite par l'esprit. Ce qui fait que les divisions sont essentiellement verbales : ce sont des distinguos que font pour leur commodité les professionnels de la dispute.

De bonnes distinctions sont essentielles pour que les idées abstraites désignées par les mots généraux (*Essai*, 3-3-6 et 9) permettent l'avancement de la connaissance : ce que nous saisissons dans l'expérience, ce sont des particuliers (« *all things that exist being particutars* », *Essai*, 3-3-13), et les particuliers, comme il est dit ici, ne permettent d'établir aucune vérité générale si l'on s'y cantonne. Chaque idée abstraite désigne une essence nominale distincte et donc deux idées abstraites différentes font des sortes ou des espèces différentes. C'est l'activité de l'esprit qui produit les sortes en partant des ressemblances observées entre les choses (*Essai*, 3-3-13). Toute la valeur de la connaissance dépend donc de la qualité de l'observation des différences et des ressemblances. Si on multiplie les distinctions, on atomise la connaissance ; mais si on produit en plus des « distinctions » non fondées (des divisions donc), on est au mieux dans le domaine du chimérique, au pire dans le simple élément verbal. On aura donc remarqué que dans cette section 31, Locke réunit la discussion de deux points : il soutient, d'une part, une théorie du bon usage des distinctions qui revient à examiner la légitimité de l'ascension vers la généralité par le biais des idées abstraites, et, d'autre part, il critique les faiseurs de divisions non fondées.

soit utile de discerner chaque variété qu'on trouve dans la nature, pourtant il n'est pas à propos d'examiner chaque différence parmi les choses et de diviser celles-ci en classes distinctes d'après chaque différence. Ceci nous mènerait, si on le faisait, jusqu'aux particuliers (car chaque particulier a quelque chose qui le différencie d'un autre) et nous ne pourrions établir aucune vérité générale ou, à tout le moins, nous rendrions l'esprit perplexe à propos de chacun. La réunion de plusieurs choses en classes donne à l'esprit des vues plus générales et plus vastes. Mais nous devons prendre soin de les réunir en cela seul où elles s'accordent et pour autant qu'elles s'accordent, car c'est dans cette limite qu'on peut les considérer ensemble : l'être même, qui comprend toutes choses, aussi général qu'il est, peut nous fournir des idées claires et rationnelles. Si nous pesions et gardions à l'esprit ce que c'est que nous considérons, nous saurions mieux quand établir ou non de nouvelles distinctions, qui doivent venir seulement de la stricte contemplation des choses. À quoi il n'y a rien de plus opposé que l'art des distinctions verbales, faites selon le bon plaisir en des termes savants arbitrairement inventés, appliquées à l'aventure, sans recouvrir ni véhiculer de notions distinctes, et ainsi bonnes pour une conversation artificielle ou les bruits vides des disputes, sans éclaircir les difficultés ni avancer dans le savoir. Quelque sujet que nous examinions et sur lequel nous voulions acquérir du savoir, nous devrions, je pense, le traiter de manière aussi générale et large que possible. Il n'y a aucun danger à cela si l'idée en est déterminée et fixée : car s'il en est ainsi, nous pouvons facilement la distinguer de toute autre idée, même comprise sous le même nom. C'est pour se faire une barrière contre les ambiguïtés des mots équivoques et le grand art sophistique qui s'y abrite que les distinctions ont été multipliées et leur usage estimé si nécessaire. Mais si chaque idée abstraite distincte avait un nom connu distinct, il n'y aurait pas grand besoin de ces distinctions scolastiques multipliées à l'envi, alors qu'il y aurait tout autant besoin encore que l'esprit observe les différences dans les choses et les discerne par là les unes des autres. Ce n'est donc pas la bonne voie vers le savoir que d'aller à la chasse à une foule de distinctions artificielles et scolastiques dont les écrits des hommes cultivés sont souvent pleins et d'aller s'en remplir la tête. Nous trouvons souvent ce dont ils traitent si divisé et subdivisé que l'esprit du lecteur le plus attentif le perd de vue, comme il est fort probable que l'écrivain lui-même le fit. Car dans les choses réduites en poudre il est vain d'affecter et de feindre l'ordre ou d'attendre la clarté. Eviter la confusion naissant de trop ou de trop peu de divisions est un grand art quand on pense ou écrit, écrire n'étant que copier nos pensées. Mais il est difficile, à mon avis, de déterminer en mots quelles sont les limites du juste milieu entre ces deux excès dangereux : les idées claires et distinctes sont tout ce que je connais pour le moment pour fixer cette règle. En ce qui concerne les distinctions verbales courantes appliquées aux termes communs, c'est-à-dire aux mots équivoques, c'est plutôt, à mon avis, affaire d'articles critiques et de dictionnaires que de vrai savoir et de philosophie, puisque articles critiques et dictionnaires, pour la plus grande partie, expliquent la signification des mots et nous donnent leurs diverses significations. La manipulation habile des termes et la capacité à contrer et prouver avec eux ont passé et passent, je le sais, dans le monde pour une grande partie de la connaissance ; mais c'est une connaissance distincte du savoir ; car le savoir consiste seulement à percevoir les rapports habituels et les relations des idées les unes aux autres, ce qui se fait sans

recours aux mots; l'intervention d'un son n'y aide en rien[62].
D'où nous voyons qu'il y a le moins besoin de distinctions là
où le savoir est le plus grand, je veux dire en mathématiques,
où les hommes ont des idées déterminées sans nom qui les
représentent. Et ainsi, comme il n'y a pas de place pour l'équi-
voque, il n'y a pas besoin de distinctions. Dans l'argumentation[63], l'opposant utilise des termes aussi généraux et aussi
équivoques qu'il peut, pour prendre son adversaire dans
l'ambiguïté de ses expressions; on s'y attend et c'est pourquoi
le répondeur de son côté joue son jeu en faisant le plus de
distinctions qu'il peut et pense qu'il n'en fera jamais trop; et
certes, il n'en fera jamais trop dans un domaine où la victoire
se remporte sans vérité et sans savoir. Tel me semble être l'art
de la dispute. D'un côté, utilisez vos mots aussi captieusement
que vous le pouvez, de l'autre côté appliquez autant de distinctions que vous le pouvez à chaque terme pour réduire votre
adversaire à la perplexité. Comme il n'y a pas de limite à l'art
du distinguo, certains ont pensé que c'est dans cette discipline

62. Le recours constant à l'idée comme ultime critère produit cet effet que
le langage est inessentiel : si toutes nos idées étaient fixes et déterminées, si
elles étaient distinctes – toutes choses qu'elles ne sauraient manquer d'être
quand elles sont véritables – il serait inutile de multiplier les distinctions,
catégories et sortes verbales. Mais le langage reprend son essentialité pour
justement fixer, marquer les idées puisque l'esprit ne peut ni les maintenir sous
son attention ni toutes les considérer ensemble. Le langage subit ainsi des
alternances : tantôt obstacle sans transparence, tantôt marque permettant la
sauvegarde.

63. Sur l'argumentation, la scolastique, la rhétorique, *cf.* note 3. Les distinguos, les arguments subtils, l'art de la dispute ont beaucoup plus contribué à la
perversion du langage qu'à son perfectionnement (*Essai*, 3-10-6). Il s'agit
communément non pas de faire triompher la vérité mais d'avoir le dernier mot :
de là l'emploi de sons dont on a raffiné la signification jusqu'à ne plus savoir de
quoi il s'agit (*ibid.*). Ce n'est que de l'ignorance savante et pompeuse. C'est ce
que l'on appelle subtilité.

que résidait toute la subtilité ; c'est pourquoi, à propos de tout ce qu'ils ont lu ou pensé, leur grande affaire a été de s'amuser de distinctions et de multiplier pour eux-mêmes les divisions, à tout le moins plus que la nature de la chose le demandait. Comme je l'ai dit, il me semble qu'il n'y a pas d'autre règle à suivre qu'une juste et stricte considération des choses telles qu'elles sont en elles-mêmes. Celui qui s'est formé dans l'esprit des idées déterminées, avec des noms qui leur correspondent, pourra à la fois discerner les différences entre elles, ce qui est vraiment distinguer et, là où la pénurie de mots fait qu'il n'y a pas de terme répondant à chaque idée distincte, appliquer des termes distinctifs adéquats aux noms généraux et équivoques dont il est obligé de se servir. Là est tout le besoin que je connais en termes distinctifs et dans de telles distinctions verbales, chaque terme de la distinction, joint à celui dont il distingue la signification, n'est rien d'autre qu'un nom distinct pour une idée distincte. Là où ils sont tels et où les hommes ont des conceptions claires et distinctes répondant à leurs distinctions verbales, elles sont correctes et pertinentes pour autant qu'elles servent à éclairer une chose dans le sujet considéré. Tel est, ce me semble, le seul critère convenable pour les distinctions et divisions. Celui qui veut conduire correctement son entendement ne doit pas les chercher dans la subtilité de l'invention ni l'autorité des auteurs, mais il les trouvera seulement dans la considération des choses elles-mêmes, qu'il y soit conduit par ses propres méditations ou par l'information des livres.

D'un autre côté, la tendance à mêler ensemble toutes les choses où on peut trouver la moindre ressemblance[64] est un

---

64. *Cf.* note 61 : à l'opposé du raffinement excessif des distinctions, il y a la tendance à tout mélanger ; le remède est dans l'acuité de la perception des différences entre les idées.

défaut de l'esprit qui ne manquera pas de l'égarer et qui, en mettant ainsi dans le même sac les choses, empêche l'esprit de s'en faire des conceptions distinctes et exactes.

§ 32. DES COMPARAISONS

Qu'on me laisse indiquer un autre défaut proche du précédent, au moins verbalement, celui qui consiste à laisser l'esprit, dès que se présente une nouvelle notion, courir aussitôt après des comparaisons pour se la rendre plus claire[65]. Bien que ce puisse être une bonne voie, et utile, pour expliquer nos pensées aux autres, ce n'est pourtant en aucune manière une méthode correcte pour former en nous de vraies notions

65. Le recours précipité aux comparaisons témoigne de la hâte de l'esprit à comprendre. Comparer consiste à considérer deux idées du point de vue des circonstances qui peuvent leur être communes (*Essai*, 2-11-4). La comparaison spontanée que même les animaux peuvent exercer rudimentairement se limite aux circonstances sensibles où apparaissent les objets; la comparaison plus abstraite des idées générales est proprement humaine. En tout état de cause, une comparaison fait seulement intervenir une relation circonstancielle (étendue, degrés, temps, lieu, autres circonstances). Ceci fait que les comparaisons sont toujours partielles : si on tient compte de cette limitation, la comparaison est essentielle dans le développement de la connaissance, mais on ne risque pas de connaître une chose par une comparaison, ce serait plutôt par un tissu de comparaisons, lesquelles reviennent à saisir la chose dans des relations; tel est en particulier le cas des substances. La comparaison a ce charme que les auditeurs croient d'un coup comprendre une nouvelle chose à partir de ce qui leur est familier; le charme de la métaphore n'est pas autre. Mais si connaître porte sur des idées exactes, déterminées, claires et distinctes, la simple comparaison ne donne pas les idées qui manquent. Autre manière de le dire; pour Locke, une relation s'établit sur des idées déjà là, on ne va pas d'une idée et d'une relation à une autre idée. Assez curieusement, d'autre part, Locke ne fait pas intervenir la ressemblance de manière précise dans toute sa théorie des relations.

d'aucune chose, pour la raison que les comparaisons sont toujours défectueuses sous un aspect et manquent de cette exactitude vis-à-vis des choses que nos conceptions doivent avoir, si nous voulons penser correctement. Bien sûr, c'est une manière de faire d'un homme un discoureur aux belles paroles, parce qu'on accepte toujours mieux ceux qui savent la manière de faire passer leurs pensées dans l'esprit d'autrui avec le plus d'aisance et de facilité, et on ne se préoccupe pas que ces pensées soient bien formées et correspondent aux choses ou non : on ne se soucie d'être instruit que si c'est facile. C'est pourquoi ceux dont les discours frappent l'imagination et entraînent les conceptions de leur auditeur au rythme de leurs paroles sont les parleurs que l'on applaudit et passent pour les seuls hommes aux pensées claires. Et rien n'y contribue autant que les comparaisons, par quoi les hommes croient mieux comprendre sous prétexte qu'on les comprend mieux. Mais c'est une chose de penser correctement et une autre de mettre nos pensées sous le regard d'autrui avec avantage et clarté, qu'elles soient justes ou fausses. Les comparaisons bien choisies, les métaphores et les allégories, disposées avec méthode et ordre, produisent au mieux cet effet parce que, empruntées à des objets déjà connus et familiers à l'entende-ment, elles sont saisies dans le moment où l'on parle ; comme on en tire une correspondance, la chose qu'elles doivent expli-quer et élucider semble, elle aussi, comprise. Ainsi l'imagi-nation passe pour du savoir et ce qui est joliment dit passe pour solide. Je ne dis pas ceci pour décrier la métaphore ni à dessein de proscrire cet ornement du discours. Je ne m'adresse pas ici aux rhéteurs ni aux orateurs mais aux philosophes et aux amoureux de la vérité. Que ceux-ci me permettent de leur donner cette seule règle pour distinguer si, dans l'application de leur pensée à une chose en vue d'augmenter leur savoir, il la saisissent telle qu'elle est en elle-même : qu'ils examinent si pour l'exposer à eux-mêmes ou aux autres ils recourent uniquement à des représentations empruntées à d'autres domaines et à des idées étrangères, qu'ils appliquent à cette chose en vertu de quelque ressemblance ou affinité prétendue avec elle. Les expressions figurées et métaphoriques conviennent bien pour illustrer des idées assez abstruses et peu familières, auxquelles l'esprit n'est pas encore complètement habitué, mais alors on doit en faire usage pour illustrer des idées que l'on a déjà et non pour se figurer des idées que l'on n'a pas. Des idées empruntées ailleurs et allusives peuvent bien suivre une vérité solide et effective, mais en aucun cas elles ne doivent s'y substituer ni passer pour elle. Tant que notre recherche n'a atteint que des comparaisons et des métaphores, nous pouvons être assurés que nous imaginons plutôt que nous savons, que nous n'avons pas encore pénétré dans l'intérieur et la réalité de la chose, quelle qu'elle soit, et que nous nous contentons de ce que notre imagination et non les choses elles-mêmes nous fournissent.

§ 33. De l'assentiment

Dans toute la conduite de l'entendement, il n'y a rien de plus important que de savoir quand, où et jusqu'où donner son assentiment. Peut-être aussi n'y a-t-il rien de plus difficile à savoir. On dit fort aisément, et personne ne le met en question, que donner son assentiment, le retirer, le graduer sont opérations qui doivent avoir pour critère l'évidence que les choses portent avec elles. Mais les hommes ne sont pas meilleurs parce qu'ils ont cette règle : certains embrassent fermement des doctrines sur des bases fragiles, d'autres sans base, d'autres contrairement aux apparences; certains admettent la certitude et on ne les en fera pas démordre, d'autres hésitent en tout, et il n'en manque pas qui rejettent tout comme incertain. Que doit donc faire alors un novice, un étranger, quelqu'un qui recherche la vérité? Je réponds: utiliser ses yeux. Il y a entre les choses des relations et entre les idées de l'accord et du désaccord, avec des degrés très différents[66]; les hommes ont des yeux pour les voir, s'ils y consentent; mais leurs yeux peuvent être obscurcis ou aveuglés et leur vue peut s'affaiblir ou disparaître. L'intérêt et la passion aveuglent; l'habitude d'argumenter indifféremment d'un côté ou d'un autre, même contre notre persuasion, émousse l'entendement et lui fait progressivement perdre la faculté de discerner clairement entre la vérité et l'erreur et, par là, d'adhérer à ce qui est correct. Il n'est pas innocent de jouer avec l'erreur et de l'habiller à la manière de la vérité. Petit à petit l'esprit perd son goût de la vérité solide et bien réelle, s'accommode insensiblement de tout ce qui peut en prendre la plus légère apparence. Si on laisse l'imagination prendre la place du jugement, ne serait-ce d'abord que par le jeu, elle finit, avec le temps, par l'usurper; et ce que cette flatteuse (qui ne travaille que pour plaire) recommande, on l'admet. Cette couturière de cour a tant de manières de tromper, tant d'art pour donner des couleurs, des appa-

66. Il y a des degrés de comparaison, des degrés de relation; mais il ne semble pas que Locke fasse intervenir des degrés du point de vue de la plus ou moins grande clarté de la relation ou de la comparaison; il s'agit plutôt de degrés du point de vue de la fréquence, quand on a affaire simplement à des cas probables. Qu'il n'y ait pas des relations plus ou moins claires ou fortes, pas de comparaisons plus ou moins nettes, tient à la nécessaire exactitude et à la nécessaire détermination de nos idées. Une relation ne peut être obscure que si nos idées sont obscures elles-mêmes. En revanche, il est fort possible que l'on ne saisisse pas toujours les mêmes données: il y a alors seulement une probabilité de relation ou de comparaison; et en ce sens on peut parler de degrés.

rences et des ressemblances que celui qui n'est pas assez circonspect pour n'admettre que la vérité, qui ne prend pas soin de ne soumettre son esprit à rien d'autre, ne peut qu'être pris au piège. Celui qui a une idée à croire a déjà à demi donné son assentiment ; et celui qui, à force de trop argumenter contre sa propre opinion, induit en erreur autrui, n'est pas loin de se croire lui-même. Ceci fait disparaître la grande distance qu'il y a entre la vérité et la fausseté ; elles sont même presque identifiées et, quand des choses sont si proches, il n'y a pas grande différence à choisir l'une plutôt que l'autre. Quand on en est arrivé là, la passion, l'intérêt, etc., décident de ce qui est correct, en douceur et sans qu'on s'en aperçoive.

§ 34. De l'indifférence

J'ai dit plus haut que nous devrions garder une parfaite indifférence vis-à-vis de toutes les opinions, sans souhaiter que l'une soit vraie plutôt qu'une autre ; ni essayer de la faire apparaître telle. Etre indifférent, recevoir et embrasser une opinion d'après la seule évidence, voilà ce qui atteste la vérité. Ceux qui procèdent ainsi, c'est-à-dire maintiennent leur esprit indifférent face aux opinions pour qu'il ne soit déterminé que par l'évidence, constateront que l'entendement a toujours une perception suffisante pour distinguer entre l'évidence et l'absence d'évidence, ce qui va de soi et ce qui soulève le doute ; et s'ils n'accordent ou ne refusent leur assentiment que d'après ce critère, ils ne risqueront point de se tromper[67].

---

67. De manière stricte, il faut distinguer entre assentiment et certitude : la certitude (*certainty*) est ce qui est produit par la perception de l'accord ou du désaccord des idées ; la certitude est donc la caractéristique de la connaissance : « Ce que nous connaissons une fois, nous sommes certains qu'il est tel que nous

Leurs opinions seront peut-être peu nombreuses mais cette précaution aura aussi ceci de bon qu'elle leur fera apporter une attention plus précise et leur apprendra à mieux examiner qu'ils ne le font; or, sans cette attention, l'esprit n'est qu'un réceptacle de contradictions et non un magasin de vérités. Quant à ceux qui n'ont pas cette indifférence pour tout ce qui

le connaissons et nous pouvons être assurés qu'il n'y a point de preuves cachées qui puissent renverser notre connaissance » (*Essai*, 4-16-3). En revanche, l'assentiment au sens strict s'attache à la probabilité : « *Croyance*, *assentiment* ou *opinion* consistent à admettre ou recevoir une proposition pour vraie d'après des arguments ou des preuves qui nous persuadent de la recevoir pour vraie sans un savoir certain qu'il en est ainsi » (*Essai*, 4-15-3). C'est à partir de cette distinction que Locke attribue d'un côté des degrés à l'assentiment et, d'autre part, une unité non monnayable à la certitude. L'assentiment peut et doit être proportionné aux degrés de la probabilité, puisque la probabilité affirme avec une plus ou moins grande régularité la connexion de certaines idées. L'assentiment doit être proportionné à l'évidence. Comme on l'a vu (note 27), si l'esprit reste passif dans cette saisie des relations d'idées ou des preuves ainsi qu'il le doit, l'assentiment ne peut naturellement pas dépasser l'évidence de ce qu'il contemple; tout excès de persuasion ne peut venir que du préjugé, forme cognitive de la passion (cf. *Essai*, 16-4-1). Néanmoins, la distinction tranchée entre certitude et assentiment ou croyance est seulement une distinction de droit et Locke tend – en particulier dans la *Conduite de l'Entendement* – à regrouper sous le terme d'assentiment la pleine certitude d'un côté et les degrés raisonnables de l'assentiment de l'autre. Ceci tient à ce que, d'une part, la province de la connaissance comme savoir est tout à fait restreinte, à ce que, d'autre part, certains degrés de probabilités approchent en force de la certitude (« La probabilité évidemment forte peut déterminer l'homme à reconnaître la vérité ou lui faire prendre une proposition pour vraie et agir en conséquence, tout autant que la connaissance lui fait voir ou être certain que c'est vrai », Locke, *3e lettre à Stillingfleet*, *Works*, t. IV, p. 299; *cf.* aussi *Essai*, 4-16-9 pour un texte similaire). Enfin, on peut remarquer que la raison, nouvelle faculté introduite par Locke au cours de l'analyse de la connaissance et de la probabilité, opère ses inférences aussi bien dans le domaine de la connaissance (démonstration) que dans celui de la probabilité (induction), cf. *Essai*, 4-17-2. Les sections 35, 37 et 39 reprennent tous ces thèmes de l'assentiment, de l'exclusion du préjugé, etc.

n'est pas la vérité, une vérité non pas supposée mais expérimentée en eux-mêmes, ils mettent des lunettes aux verres colorés, regardent les choses à travers des verres déformants et croient qu'ils sont ainsi excusés de suivre de fausses apparences dont ils s'abusent eux-mêmes. Toutefois, je ne m'attends pas à ce que, de cette manière, l'assentiment soit en chacun proportionné aux raisons et à la clarté avec lesquelles toute vérité peut être présentée, ni à ce que les hommes soient parfaitement à l'abri de l'erreur : c'est plus que la nature humaine peut de toute manière atteindre et je ne vise pas des privilèges si hors de portée. Je parle seulement de ce que devraient faire ceux qui veulent traiter convenablement leur esprit et faire un usage correct de leurs facultés à la poursuite de la vérité, nous manquons en effet à nos devoir envers elles beaucoup plus qu'elles à nous, et c'est un mauvais emploi, beaucoup plus qu'un manque de capacité, qu'on doit déplorer, et qu'on déplore effectivement chez ceux qui ne sont pas comme nous. Celui qui par indifférence à tout ce qui n'est pas la vérité ne tolère pas que son assentiment passe l'évidence qu'il a ou aille plus vite qu'elle, apprendra à faire un examen, et un examen loyal, au lieu de se livrer à de simples présomptions ; et personne ne sera dans l'embarras ou ne courra de danger faute d'avoir embrassé les vérités indispensables dans sa situation et les circonstances qu'il rencontre. En suivant toute autre règle, tout le monde est voué à l'orthodoxie[68] :

68. Tout le passage est une charge violente contre les orthodoxies, la pression de conformisme, l'autorité en matière de connaissance, ces vérités régionales et locales qu'on ne saurait remettre en cause sans se faire accuser d'apostasie. Il y a chez Locke deux grandes directions d'argumentation en faveur de la tolérance. La première est indissociable de la théorie de la connaissance : dans la mesure où la connaissance humaine est limitée, dans la mesure où la part de la probabilité est importante, où l'entendement humain ne peut pas

chacun, d'emblée, s'imbibe des opinions reçues dans son pays et sa secte, et faute de mettre jamais en question leur vérité, il n'y a pas un homme sur cent qui les examine ; au contraire, on les applaudit de ce qu'ils préjugent être dans le droit et celui qui exerce sa considération est un ennemi de l'orthodoxie parce que, peut-être, il se pourrait, qu'il déviât de quelqu'une des doctrines reçues. Ainsi, sans effort ni acquisition qui leur soit propre, les hommes héritent de vérités locales (car ce n'est pas la même partout) et ils s'habituent à donner leur assentiment sans évidence. Ceci a plus d'influence qu'on pense. De cent bigots zélés de tous les partis, lequel a jamais examiné les thèses qu'il est si raide à maintenir ? Lequel a jamais pensé que c'était son affaire ou son devoir ? On est soupçonné de tiédeur aussitôt qu'on le croit nécessaire et de tendre vers l'apostasie dès qu'on l'entreprend. Si on peut amener son esprit une fois à

tout embrasser, où chacun a bien assez à faire avec l'investigation de ce dont il peut disposer à titre d'évidence pour ne pas aller en outre se mêler de celle des autres, la tolérance est une exigence raisonnable. Toute cette argumentation est déjà présente dans l'*Essai* en 4-16-4 : il serait déraisonnable de prétendre imposer ses croyances quand on ne les a pas examinées à fond (cf. *Conduite de l'entendement*, sect. 44), et ceux – en petit nombre – qui l'ont fait n'ont en général pas tendance à prétendre régenter les autres, compte tenu des résultats de leurs recherches. C'est parce que les vues sont partielles que les prétentions à l'orthodoxie doivent être récusées.

L'autre direction d'argumentation fait intervenir une analyse de ce que c'est qu'adhérer à une église ou à une secte : l'adhésion à une église n'implique pas un abandon des droits naturels de la part de celui qui adhère ; aussi une église ne peut-elle pas persécuter un apostat, tout au plus peut-elle l'exclure.

Il faut toutefois garder à l'esprit que pour Locke la tolérance a des limites : il y a en effet des connaissances auxquelles tout le monde peut parvenir, en particulier dans le domaine théologique (*cf.* note 40) ; aussi ne peut-on pas être tolérant avec les athées, d'autant que les connaissances théologiques ont partie liée avec la morale (cf. *ibid.*, *in fine*). Enfin, les papistes qui ne semblent pas prêts à accorder aux autres la tolérance ne doivent pas être tolérés.

des positions farouches et convaincues sur des points dont l'évidence n'a pas été examinée, et ce en des domaines de la plus haute importance, qu'est-ce qui préservera de cette pente rapide et facile dans des cas de moindre importance ? Ainsi nous apprend-on à habiller notre esprit comme notre corps, à la mode qui sévit, et n'en rien faire passe pour fantasque ou pis encore. Cet usage, partout où il prévaut – et qui oserait s'y opposer ? – rend bigots ceux qui ont la vue courte et sceptiques ceux qui ont des scrupules. Quant à ceux qui prennent leur distance avec lui, ils sont en danger d'hérésie. Car dans quel endroit du monde entier vérité et orthodoxie vont-elles de pair ? Pourtant, c'est par la seule orthodoxie (qui a la bonne fortune de se trouver partout) que l'on juge de l'erreur et de l'hérésie : argument et évidence ne signifient rien, n'excusent rien, ils sont écrasés partout par l'infaillible orthodoxie en place. Que ce soit le bon chemin vers la vérité et un assentiment juste, je laisse aux opinions qui, dans chaque partie habitable de la terre, sévissent et prescrivent tout, le soin de le dire ; mais je n'ai jamais entrevu une seule raison de ne pas faire confiance à la vérité sur sa propre évidence et je suis certain que si celle-ci n'est pas capable de la soutenir, il n'y a pas de barrière contre l'erreur ; alors, vérité et fausseté sont deux mots pour la même chose. L'évidence est donc ce par quoi chacun doit (et devrait) apprendre à régler son assentiment qui est alors et alors seulement dans le droit chemin. Les hommes dont le savoir est déficient sont habituellement dans l'un des trois états suivants : soit totalement ignorants, soit dans le doute à propos de quelque proposition qu'ils ont précédemment entretenue ou qu'ils sont enclins présentement à entretenir, soit enfin tenant fortement à une opinion qu'ils n'ont jamais examinée et dont ils n'ont aucune preuve bien fondée.

Ceux de la première sorte sont dans la situation la meilleure puisque leur esprit est encore dans une liberté et une indifférence parfaites : ils ont plus de chances de mieux poursuivre la vérité puisque ils ne sont soumis à aucun préjugé qui puisse les égarer.

§ 35.

En effet, l'ignorance jointe à l'indifférence quant à ce qui peut être une vérité est plus proche de cette dernière qu'une opinion dictée par une inclination sans fondement, qui est une grande source d'erreur. Ceux qui sont sous la conduite d'un guide qui, à cent contre un, va les égarer, risquent plus de sortir du chemin que ceux qui n'ont pas encore fait un pas et qui peuvent encore être persuadés de chercher de la bonne manière. Ceux de la dernière sorte sont dans la pire situation : si quelqu'un peut être parfaitement persuadé et prendre sans examen une chose pour une vérité, qu'y a-t-il qu'il ne puisse prendre pour la vérité ? Et s'il s'en est laissé accroire, quel moyen y a-t-il de le faire revenir de l'égarement ? Pour ce qui est des deux autres, qu'il me soit permis de leur dire que, comme celui qui est ignorant est dans la meilleure situation des deux, il doit poursuivre la vérité avec une méthode adaptée à son état, c'est-à-dire en cherchant directement dans la nature de la chose elle-même, sans se soucier des opinions des autres, sans se troubler de leurs controverses ou disputes à ce sujet : il doit chercher à voir ce que sincèrement il peut trouver. Celui qui procède dans sa recherche selon d'autres principes, même s'il est résolu à examiner et à juger librement, se range toujours en fin de compte à un parti qu'il n'abandonnera pas sans être battu, ce qui engage l'esprit à entreprendre la défense qu'il peut, et, sans qu'il s'en rende compte, lui donne une prévention. Je ne dis pas qu'un homme ne doit pas embrasser une opinion quand il a fait un examen, ou alors il a examiné pour rien; mais la voie la plus sûre est de n'avoir aucune opinion avant d'avoir examiné, et de n'avoir aucun égard pour les opinions ou les systèmes d'autrui sur le sujet. Par exemple, si je m'occupe de comprendre la médecine, est-ce que la manière la plus sûre et la plus simple ne serait pas de consulter la nature elle-même, de m'informer de l'histoire des maladies et de leurs remèdes plutôt que d'épouser les principes des dogmatiques, des méthodiques ou des chimistes [69], que de m'engager dans toutes les controverses sur chacun de ces systèmes et d'en supposer l'un vrai jusqu'à ce que j'aie examiné ce qu'on peut en dire pour m'en détacher? Ou bien, supposé que les œuvres d'Hippocrate ou n'importe quel autre livre contiennent infailliblement tout l'art médical, est-ce que la manière la plus directe ne consisterait pas à lire, étudier et examiner ce livre, à peser et comparer ses éléments pour trouver la vérité, plutôt que d'épouser les doctrines d'un parti qui, bien que reconnaissant son autorité, a déjà interprété et tiré dans son sens tout le texte, ce qui fait qu'imbibé d'une telle teinture, je suis plus en danger de me méprendre sur ce qu'il a vraiment voulu dire que

69. Locke fait ici référence à diverses écoles médicales. L'école *dogmatique* est l'école hippocratique même, appelée dogmatique parce que Hippocrate le premier réunit dans l'exercice et l'enseignement de la médecine la raison et l'expérience, à la différence des empiriques et de ceux qui procédaient *a priori*. L'école *méthodique* refuse de parler inconsidérément de ce qui est obscur et en particulier des causes profondes des maladies, et refuse pareillement d'en tirer des indications thérapeutiques; elle met l'accent sur la symptomatologie des troubles en s'orientant d'après les inclinations naturelles et les dispositions. Enfin, par *chimistes* Locke désigne les médecins qui recourent à l'interprétation chimique soit du simple point de vue pharmacologique, soit dans la théorie de la nature des maladies. Van Helmont, Syivius, Willis, peuvent être rangés dans cette école.

si j'étais venu à lui sans idée préconçue dictée par les docteurs et commentateurs de ma secte ? Avec tous leurs raisonnements, interprétations et tout leur langage auxquels j'ai été habitué, tout dans le texte me semblera abonder dans le même sens, et peut-être que l'authentique signification de l'auteur me semblera malaisée, discordante et bizarre. En effet, les mots[70] n'ont pas par eux-mêmes de signification qui leur soit propre et ils portent celle que l'auditeur a l'habitude de leur donner, quelque sens que leur donne celui qui les emploie – et ceci me semble parfaitement évident. S'il en est ainsi alors, celui qui commence à avoir un doute sur une thèse qu'il avait reçue sans examen devrait, autant qu'il peut, se mettre entièrement en état d'ignorance sur cette question, jeter au loin ses notions précédentes et les opinions des autres pour examiner avec une parfaite indifférence la question depuis sa source, sans inclination pour aucun côté, ni regard pour ses opinions ou celles des autres. Ceci, à mon avis, n'est pas facile à faire mais ce n'est pas une voie facile vers l'opinion que je cherche mais la voie correcte vers la vérité, voie que doivent suivre ceux qui veulent traiter convenablement leur propre entendement et leur âme elle-même.

§ 36. DE LA QUESTION

L'indifférence que je propose ici leur permettra aussi de poser convenablement la question sur laquelle ils doutent,

---

70. Les mots, on l'a vu, sont signes et marques des idées. L'établissement du rapport de signification est arbitraire, ainsi que le montre la diversité des langues (*Essai*, 3-2-1). Ce n'est que de manière dérivée et subreptice que les mots en viennent à désigner non seulement les idées propres du locuteur mais celles des autres, ainsi que la réalité des choses. Il est significatif que ces deux références, en quelque sorte extrinsèques, viennent ensemble.

position sans laquelle ils ne pourront jamais parvenir à une décision honnête et claire[71].

§ 37. DE LA PERSÉVÉRANCE

Un autre fruit de cette indifférence et de cette considération des choses en elles-mêmes, abstraction faite de nos propres opinions et des notions et discours d'autrui sur elles, sera que chacun conduira ses pensées selon la méthode la plus conforme à la nature de la chose et jusqu'à l'intelligence de ce qu'elle lui suggère. Il devra procéder avec régularité et constance, jusqu'à parvenir à une décision à laquelle il puisse acquiescer. Si l'on m'objecte que cela demande à tout homme de se vouer à l'étude en quittant toute autre activité, je réponds que je ne propose pas plus à chacun qu'il n'a de temps. L'état et la condition de certains ne réclament pas une grande étendue de savoir : les exigences de la vie engloutissent la plus grande partie de leur temps. Mais le manque de loisir d'un homme n'est pas une excuse à la négligence et l'ignorance de ceux qui ont du temps de reste ; chacun a assez de temps pour acquérir autant de savoir qu'on le lui demande, et celui qui manque à ce devoir aime l'ignorance et en est responsable.

§ 38. DE LA PRÉSOMPTION

Les maladies de l'esprit sont aussi nombreuses que celles du corps. Certaines sont épidémiques et peu leur échappent, mais chacun aussi, s'il voulait regarder en lui-même, décou-

---

71. Bien poser la question c'est aussi aller au fond de la question. (*cf.* sect. 44).

vrirait un défaut dans son propre esprit. Il y a peu d'homme sans particularité dont il ait à souffrir. Tel s'imagine que ses talents ne lui manqueront point quand nécessaires, et que donc c'est peine perdue de faire provision d'avance. Son entendement, c'est pour lui la bourse de Fortunatus : il ne s'épuise jamais, sans qu'on y mette jamais rien ; aussi reste-t-il assis avec satisfaction sans essayer de fournir son entendement de connaissance. C'est le produit naturel de la région, quel besoin alors de labourer ? De tels hommes étalent leurs richesses de naissance devant les ignorants, mais ils feraient bien de ne pas affronter les gens plus habiles. Nous naissons ignorants de toutes choses. La surface des choses qui nous entourent fait quelques marques [72] sur les indolents mais on ne pénètre pas l'intérieur sans travail, attention ni industrie. Les pierres et le bois viennent tous seuls mais ils ne se transforment pas en maison où l'on puisse loger sans labeur ni peine. Dieu a fait le monde intellectuel harmonieux et beau sans nous, mais ce monde ne viendra pas dans nos têtes tout d'un coup ; il nous faut le faire entrer morceau par morceau et ensuite le construire par notre industrie personnelle, ou alors nous n'aurons en nous que chaos et obscurité, quels que soient l'ordre et la lumière à l'extérieur de nous.

§ 39. DU DÉCOURAGEMENT

À l'opposé, il y en a d'autres qui rabaissent leur esprit, se découragent à la première difficulté et concluent que comprendre une science ou progresser dans le savoir plus

---

72. Toujours sur les métaphores de la surface et de la profondeur, *cf.* note 48.

avant que ce qui est requis par leur activité ordinaire sont
choses au-dessus de leurs capacités. Eux, ils restent assis parce
qu'ils pensent qu'ils n'ont pas de jambes pour marcher, alors
que ceux dont j'ai parlé auparavant restaient assis parce qu'ils
pensaient qu'ils avaient des ailes pour voler et qu'ils pouvaient
prendre leur essor quand ils voudraient. À ceux-là on peut
répondre avec le proverbe : « Marchez et vous aurez des
jambes ». Personne ne connaît la force de ses talents tant qu'il
ne les a pas essayés. Et on peut dire de l'entendement que sa
force est en général plus grande qu'il le croit avant de
l'exercer : c'est en avançant qu'il devient fort[a].

Aussi le bon remède, dans ce cas, est-il simplement de
mettre l'esprit au travail et d'appliquer vigoureusement nos
pensées. Il en va dans les luttes de l'esprit comme dans les
guerres : quand on pense vaincre, on vainc[b]. Si on est persuadé
qu'on surmontera toutes les difficultés rencontrées dans les
sciences, il est rare qu'on ne parvienne pas à s'en sortir.
Personne ne connaît la force de son esprit ni la force naissant
d'une application constante et régulière sans avoir essayé. Il
est bien certain, en effet, que celui qui se met debout sur des
jambes encore faibles non seulement ira plus loin mais s'affer-
mira plus que celui qui reste tranquillement assis avec une
constitution vigoureuse et des membres solides.

On peut observer quelque chose d'approchant quand
l'esprit se fait peur – comme c'est souvent le cas – en réfléchissant sur une chose en gros, cursivement[73] et en la voyant

---

a. *Viresque acquirit eundo*. En latin dans le texte.

b. *Dum putant se vincere vicere*. En latin dans le texte.

73. En regardant en gros et de loin, l'esprit peut se faire peur à lui-même :
les vues que l'on a sont alors confuses et l'on n'y distingue rien. Procéder en
suivant la raison consiste au contraire à avancer lentement et régulièrement, en

confusément à distance. Les choses ainsi offertes à l'esprit donnent le spectacle de la seule difficulté et elles semblent enveloppées dans une impénétrable obscurité. En vérité, ce ne sont là que des spectres que l'esprit a fait surgir pour flatter sa propre paresse. Il ne voit rien distinctement dans les choses éloignées et confuses et il en conclut timidement qu'il n'y a rien à découvrir en elles qui soit plus clair; mais il suffit d'approcher plus près et cette brume que nous avons soulevée nous-même disparaîtra : ces géants hideux inattaquables qui nous apparaissent dans cette brume vont s'avérer de taille et de forme naturelles et ordinaires. Les choses qui semblent très obscures vues de loin et confusément doivent être approchées à pas lents et réguliers et on doit d'abord considérer en elles ce qui est le plus visible, le plus facile et le plus évident. Il faut les réduire d'abord en leurs parties distinctes, puisque dans l'ordre qui convient, il faut faire intervenir tout ce qui doit être connu de chacune de ces parties en le présentant sous forme de questions simples et faciles à comprendre; alors, ce qu'on croyait obscur et confus et trop difficile pour nos faibles talents apparaîtra à nu à l'entendement; l'esprit pourra pénétrer ce qui auparavant le terrifiait et le maintenait à distance comme entièrement mystérieux. J'en appelle à l'expérience de mon lecteur : cela ne lui est-il jamais arrivé, en particulier quand, occupé d'une chose, il s'est pris à réfléchir à une autre ? N'a-t-il jamais été subitement épouvanté par l'idée de difficultés puissantes qui pourtant se sont évanouies quand sérieusement et méthodiquement il s'est appliqué à considérer ce sujet apparemment terrible ? Il n'est resté plus alors aucun sujet d'étonnement : il s'était laissé troubler par une perspective découra-

divisant les questions et en faisant en sorte que la suite soit vraiment la suite. On aura reconnu le modèle de la démonstration.

geante qu'il s'était faite lui-même, sur un sujet qui, à l'examen,
se révélait n'avoir rien de plus étrange ni de plus compliqué
que plusieurs autres qu'il avait maîtrisés facilement et depuis
longtemps. Cette expérience devrait nous apprendre à traiter
de tels épouvantails la prochaine fois : ils doivent plutôt exciter
notre vigueur qu'affaiblir notre diligence. La voie la plus sûre
en ce domaine pour quelqu'un qui veut apprendre, comme
dans tous les autres cas, consiste non pas à aller par grands
sauts et grandes enjambées, mais à faire en sorte que ce que
l'on étudie à la suite soit vraiment la suite, c'est-à-dire aussi
étroitement lié que possible à ce qui est déjà connu, distinct
certes mais non éloigné ; que l'entendement procède à ce qui
est nouveau et à ce qu'il ne connaissait pas auparavant mais
que ce soit aussi proche que possible pour que le progrès soit
clair et solide. Tout le terrain ainsi gagné sera fermement
gagné. L'accroissement graduel par étapes distinctes du savoir
est ferme et sûr : il porte avec lui sa propre lumière à toutes les
étapes de la progression qui a lieu aisément et en ordre. Rien
n'est de plus d'utilité à l'entendement, et bien que ce puisse
paraître une marche lente et traînarde vers le savoir, j'ose affir-
mer que quiconque l'essayera pour lui-même ou l'enseignera
à quelqu'un, s'apercevra que les progrès sont plus grands
avec cette méthode que ceux faits dans le même temps avec
n'importe quelle autre méthode qu'on voudra. La plus grande
partie du véritable savoir réside dans une perception distincte
de choses en elles-mêmes distinctes. Il y a des hommes qui
fournissent plus de clarté et de savoir par la simple position
d'une question avec précision que d'autres en en parlant en
gros entre eux pendant des heures entières. En ce sens, ceux
qui énoncent une question ne font rien d'autre que de séparer et
débrouiller les parties et de les présenter ainsi débrouillées
dans leur ordre véritable. Souvent, sans plus de trouble, ceci

dissipe le doute et montre à l'esprit où se trouve la vérité. L'accord ou le désaccord des idées en cause, une fois qu'on les a séparées et qu'on les considère distinctement, apparaît dans bien des cas immédiatement : par quoi on gagne un savoir clair et durable ; au contraire, les choses prises en gros et restant ainsi confondues et mêlées ne peuvent produire dans l'esprit qu'un savoir confus, qui, à vrai dire, n'est pas du tout un savoir, ou du moins qui ne sera pas beaucoup plus utile que rien du tout quand on viendra à l'examiner et à s'en servir. C'est pourquoi je prends encore la liberté de répéter ce que j'ai dit ailleurs : dans l'étude, on doit proposer à l'esprit aussi peu de choses que possible à la fois ; ceci compris et pleinement maîtrisé, on doit aborder la suite en faisant intervenir la partie suivante encore inconnue. Il y a là une proposition simple et claire, tout à fait pertinente et tendant à éclairer ce qu'on se propose principalement.

§ 40. DE L'ANALOGIE

L'analogie[74] est fort utile à l'esprit en bien des cas, en particulier dans le domaine de la philosophie naturelle ; à l'intérieur de la philosophie naturelle, elle a un rôle plus

---

74. Dans l'*Essai* (4-16-12), Locke aborde la notion d'analogie à propos des connaissances probables que nous pouvons espérer à propos des choses qui ne tombent pas sous les sens et qui donc ne sont pas susceptibles de témoignage. Il y a des cas où nous saisissons bien des effets mais où la cause demeure cachée : ainsi voit-on l'aimant attirer le fer, un acide avoir un heureux effet. L'analogie consiste à inférer une explication à partir de phénomènes autres, que nous connaissons, et qui nous semblent avoir une proportion avec les effets examinés. L'analogie est donc à prendre sous son sens strict : on infère une explication d'après un rapport. L'analogie vaut en particulier pour les opérations des corps et pour tout ce qui regarde les êtres immatériels (*ibid.*).

particulièrement dans les expériences qui réussissent bien. Mais l'on doit prendre garde à s'en tenir aux limites de l'analogie. Ainsi l'huile acide du vitriol apparaît bonne dans un cas et donc l'esprit de nitre ou de vinaigre peut être indiqué dans un cas semblable. Si l'heureux effet est dû entièrement à l'acidité, l'essai est peut-être justifié, mais, s'il y a quelque chose d'autre en plus de l'acidité de l'huile de vitriol qui produit l'heureux effet désiré, nous nous trompons sur une analogie qui n'existe pas et laissons notre entendement se faire égarer par la supposition d'une analogie imaginaire.

§ 41. DE L'ASSOCIATION

Bien que dans le second livre de mon *Essai sur l'Entendement Humain* j'aie traité de l'association des idées, je ne l'ai pourtant fait alors que d'une manière historique, présentant l'entendement sous cet aspect aussi bien que dans ses autres manières d'opérer et sans intention de chercher les remèdes qu'il faudrait apporter à ce fonctionnement[75]. C'est

---

75. Locke aborde, après de nombreuses allusions, la notion d'association des idées. Le chapitre qui lui est consacré dans l'*Essai* (2-33) a été introduit, comme on a eu l'occasion de le dire (note 29), dans la quatrième édition. Locke voit là une de ses importantes découvertes et il semble se reconnaître une priorité à cet égard ; mais Hobbes, pour ne citer que lui, avait déjà remarqué ce phénomène (*Human Nature*, 4-2, et *Leviathan*, 3) et distinguait entre *trayne of thought ungulded* et *trayne of thought regulated*. Locke situe l'association des idées du côté de l'extravagance : il y a des idées naturellement liées et tout le travail de la raison consiste à reconnaître ces liens ; mais à côté il y a une connexion par hasard (*chance*) ou habitude (*custom*) unissant des idées qui n'ont pas de connexion naturelle (*Essai*, 2-33-6). Ceci a des conséquences sur la connaissance, en particulier en faisant passer des connexions artificielles pour des naturelles ; il suffit qu'on en ait pris l'habitude, et à cet égard l'éducation est

pourquoi il y a là un sujet de réflexion pour ceux qui ont l'intention de s'instruire à fond dans la juste manière de conduire leur entendement, et ce, d'autant plus que, si je ne me trompe, l'association est une des plus fréquentes causes d'erreur et d'égarement qui se puisse être et une maladie de l'esprit parmi les plus difficiles à soigner; il est en effet très difficile de convaincre quiconque que les choses ne sont pas comme naturellement elles lui apparaissent.

C'est par ce facile et discret égarement de l'esprit que des fondations sablonneuses et fragiles passent pour des principes infaillibles qui ne souffrent pas qu'on les mette en question. Des connexions non naturelles deviennent, par l'effet de la coutume, aussi naturelles à l'esprit que celles du soleil et de la lumière, du feu et de la chaleur, et ainsi elles portent avec elles autant d'évidence naturelle que les vérités évidentes par elles-mêmes. Où, dans ces conditions, commencer le traitement avec des espoirs de guérison ? Bien des hommes embrassent le faux à la place du vrai, non seulement parce qu'ils n'ont jamais pensé autrement, mais aussi parce qu'aveuglés comme ils l'ont été depuis le début, ils seraient bien incapables de penser autrement, du moins sans la vigueur d'esprit indispensable pour contester l'empire de l'habitude et examiner ses princi-pes : il y a là une liberté dont peu d'hommes ont la notion en eux-mêmes et dont moins encore se voient autoriser la prati-que : c'est en effet le grand art et la grande affaire des profes-

une des occasions les plus courantes. On peut dire que l'association des idées a des effets directs et passifs dans le simple flux des idées : les idées sponta-nément s'associent du seul fait qu'elles se suivent (« les idées dans notre esprit, une fois qu'elles y sont, opèrent d'après leur nature et leurs circonstances », *Essai*, 2-33-13). Mais elle a aussi des effets indirects par l'utilisation qu'on peut en faire : dans l'éducation, par exemple, dans l'habitude inculquée, dans l'endoctrinement partisan (*ibid.*, 2-33-18).

seurs et des guides dans la plupart des sectes de faire disparaître, autant qu'ils peuvent, la notion de ce devoir fondamental que chacun se doit envers lui-même et qui est le premier pas assuré vers le juste et le vrai dans la suite entière de ses actions et de ses opinions. Ce qui laisserait penser que de tels maîtres sont eux-mêmes conscients de la fausseté et de la faiblesse de ce qu'ils professent puisqu'ils ne souffrent pas qu'on en examine les bases. Au contraire, ceux qui cherchent la seule vérité et ne désirent détenir et propager rien d'autre soumettent librement leurs principes aux épreuves, sont heureux de les voir examiner, permettent aux hommes de les rejeter s'ils peuvent, acceptent volontiers que, s'il y a quelque chose de faible et peu solide en eux, on le découvre, de manière à ce qu'eux-mêmes et les autres n'aillent point mettre l'accent sur des propositions au-delà de ce que l'évidence de leurs vérités garantit et permet de dire.

Je sais qu'il y a une faute répandue chez toutes sortes de gens, qui consiste à aller inculquer des principes[76] à leurs enfants ou élèves : quand on y regarde de plus près, cela ne revient à rien moins qu'à les imbiber des principes et notions de leur professeur avec une foi implicite et à les faire adhérer fermement à ces principes, qu'ils soient vrais ou faux. De quelles couleurs peut-on déguiser cela et quelle utilité y trouve-t-on quand on le pratique sur le commun des hommes destiné au travail et occupé aux soins du ventre, je ne me le demanderai pas ici. Mais pour les personnes nobles auxquelles leur condition permet loisir, étude et recherche de la vérité, je ne vois pas d'autre principe à leur inculquer que celui de prendre garde, autant qu'il est possible, que les idées qui n'ont pas de cohésion naturelle ne viennent pas à être unies dans leur

76. *Cf.* note 10.

jeune tête ; on doit leur inculquer encore et encore cette règle
qui les guidera tout au long de leur vie et de leurs études, qu'il
ne faut pas tolérer que des idées soient réunies dans leur
entendement d'une manière autre ou avec plus d'intensité que
ce que leur nature propre et leur correspondance permettent[77],
qu'on doit examiner les idées que l'on trouve liées dans
l'entendement pour voir si cette association tient à l'accord
visible qui est dans les idées elles-mêmes ou à l'habitude
prévalante de l'esprit les joignant pendant qu'il pense.

Voilà comme précaution contre ce mal avant qu'il ait été
comme rivé dans l'entendement par la coutume. Mais celui qui
voudrait se guérir d'une habitude installée doit observer fine-
ment les très rapides et presque imperceptibles mouvements
de l'esprit dans ses actions habituelles. Ce que j'ai dit ailleurs à
propos du changement des idées des sens en idées de jugement[78] peut en être une preuve. Prenons quelqu'un de non
instruit en peinture et disons-lui, quand il voit des bouteilles et
des pipes et d'autres choses peintes, qu'il ne voit pas le relief :
vous ne le convaincrez pas qu'il n'ait eu recours au toucher ; il
ne croira pas que par une sorte de tour de passe-passe de ses
pensées une idée est substituée à une autre. Or, avec quelle

77. *Cf.* notes 66, 67. La seule règle qu'on doit inculquer, s'il en faut une, est
de ne pas céder à l'association des idées, ou de se borner à contempler les relations réelles des idées ; ce qui exclura du coup le préjugé et laissera la place au
seul assentiment raisonnable (*cf.* note 27).

78. Il s'agit là d'une allusion à la question de la suggestion d'une série
sensorielle par une autre, la vue suggérant les idées du toucher. Locke avait
traité cette question dans l'*Essai*, d'emblée, en 2-9-8. Dans la deuxième édition,
il a ajouté en ce même endroit une référence au problème de Molyneux posé
dans une lettre de Molyneux à Locke le 2 mars 1693, *in Works*, t. IX, p. 310 *sq.*
Le texte de la *Conduite de l'Entendement* suit ici de très près celui de la
première édition de l'*Essai*. On sait que Berkeley développera très élégamment
ces thèmes dans son *Essai d'une nouvelle théorie de la Vision* de 1709.

fréquence ne voit-on pas ces substitutions se produire dans les disputes des savants : habitués à associer deux idées, ils substituent l'une à l'autre, et souvent, à mon avis, sans s'en apercevoir eux-mêmes. Du coup, sous l'effet de cette illusion, ils sont inaptes à être convaincus tout en se félicitant d'être de zélés champions de la vérité, lors même qu'ils font tous leurs efforts vers l'erreur. La confusion de deux idées différentes qu'une connexion habituelle a pratiquement identifiées remplit leur tête de vues fausses et leurs raisonnements de fausses conséquences.

§ 42. DES SOPHISMES

Comprendre correctement consiste à découvrir et accepter la vérité dans la perception de l'accord ou du désaccord visibles ou probables des idées, selon qu'on les affirme ou les nie l'une de l'autre. D'où il est évident que l'usage et la conduite corrects de l'entendement, dont l'affaire est la vérité et elle seule, consistent à garder l'esprit dans une parfaite indifférence, sans qu'il penche d'un côté ou d'un autre plus que ne le permet l'évidence du savoir ou sans qu'on admette ou croie plus que le poids de la probabilité le permet. Pourtant, il est très difficile de trouver des discours où l'auteur affirme sa thèse (ce qui est raisonnable et normal) sans incliner dans une direction et prévenir en sa faveur avec des marques témoignant de son désir qu'elle soit bonne. Si on me demande comment découvrir les auteurs qui ont un tel préjugé et un tel penchant, je réponds qu'on le peut en observant comment, dans leurs écrits ou leurs discussions, ils sont souvent conduits par leurs inclinations à changer les idées de la question[79], soit en

79. Les sophismes jouent sur des connexions subreptices d'idées ou sur des glissements de significations, ils utilisent l'ambiguïté des mots. La lecture

changeant les termes, soit en ajoutant de nouvelles idées, ce qui fait que les idées considérées sont assez variées alors pour bien se soumettre à leurs fins : ils peuvent plus facilement montrer leur accord ou plus facilement montrer leur désaccord et leur éloignement. C'est de la sophistique pure et simple. Mais je suis loin de penser que partout où on la trouve on en use avec le dessein de tromper et d'égarer les lecteurs. Il est patent que les préjugés et les inclinations des hommes souvent les trompent eux-mêmes ; leur amour pour la vérité, sous la forme du préjugé qu'ils ont pour un parti, est la chose même qui les en écarte. L'inclination suggère et glisse dans leurs discours ces termes favorables qui introduisent des idées qui sont aussi favorables, jusqu'à ce qu'enfin ce qui est conclu sous ce déguisement apparaisse clair et évident, alors que pris dans son état originel, sous des idées précises et déterminées, on ne l'admettrait pas du tout. Mettre un tel vernis, recourir à toutes ces explications qu'on croit aisées, gracieuses et élégantes, sont des caractéristiques si établies de ce qu'on appelle bien écrit qu'il est très difficile d'envisager que les auteurs pourront jamais être persuadés d'abandonner ce qui leur permet de si bien propager leurs idées et de s'attirer du crédit dans le monde, pour adopter, à la place, une manière d'écrire plus aride et ardue consistant à garder précisément les mêmes termes pour désigner les mêmes idées ; rigueur aiguë et implacable tolérable chez les seuls mathématiciens, qui vont leur chemin et font prévaloir la vérité par des démonstrations irrésistibles.

Mais si on ne peut persuader les auteurs d'abandonner les manières d'écrire relâchées propres aux insinuations, s'ils n'estiment pas indispensable de rester au plus près de la vérité et de leur tâche d'instruction en recourant à des termes inva-

---

qui ne peut pas se laisser ainsi prendre doit restaurer l'univocité ; la manière sérieuse et ardue d'écrire doit en faire autant.

riables et à des arguments simples et non sophistiqués, c'est l'affaire des lecteurs de ne pas s'en laisser imposer par les sophismes et les manières courantes d'insinuer. Pour y parvenir, le remède le plus sûr et le plus effectif consiste à fixer dans son esprit les idées claires et distinctes de la question, dépouillées de leurs mots, à saisir dans le courant de l'argumentation les idées de l'auteur en négligeant l'élément verbal et en observant leur lien ou leur séparation avec celles de la question. Celui qui fait cela peut exclure tout ce qui est superflu, voir ce qui est pertinent à la question, cohérent, direct, voir aussi ce qui est marginal ; par là il verra facilement toutes les idées étrangères au discours, où elles ont été introduites, et même si elles ont aveuglé l'auteur, le lecteur s'apercevra qu'elles ne donnent ni lumière ni force aux raisonnements.

Quoique ce soit la manière la plus simple et la plus rapide de lire les livres avec profit et de se garder de se laisser égarer par les grands noms et les discours plausibles, c'est pourtant difficile et fastidieux pour ceux qui n'en ont pas pris l'habitude ; aussi ne doit-on pas s'attendre à ce que tout le monde (parmi le petit nombre de ceux qui poursuivent réellement la vérité) parvienne ainsi à préserver son entendement des illusions produites par les sophismes volontaires ou non qui se dissimulent dans la plupart des ouvrages où l'on argumente. Ceux qui écrivent contre leurs convictions ou ceux qui, proches d'eux, sont fermement résolus à maintenir les thèses d'un parti où ils sont engagés, ne vont sûrement pas renoncer à quelque arme que ce soit qui leur permet de défendre leur cause : aussi doit-on les lire avec la plus grande précaution. Quant à ceux qui écrivent en faveur d'opinions dont ils sont sincèrement persuadés et qu'ils croient vraies, ils pensent qu'ils peuvent se permettre, vu leur louable affection pour la vérité, de lui donner les meilleures couleurs, de la présenter avec les meilleures expressions et atours les plus beaux qu'ils peuvent trouver, de manière à la faire pénétrer plus facilement dans l'esprit du lecteur et à l'enraciner plus profondément.

Puisque c'est l'état d'esprit dans lequel on peut supposer que la plupart des auteurs se trouvent, il est bon que les lecteurs qui cherchent à s'instruire par leur lecture, ne se déprennent pas de cette prudence qui est le début d'une sincère recherche de la vérité et devrait les rendre toujours attentifs envers tout ce qui peut la cacher ou la travestir. Si maintenant ils n'arrivent pas à se représenter ce que veut dire l'auteur par le moyen de pures idées coupées des sons, et ainsi dépouillées des fausses lumières et des ornements trompeurs de la parole, ils doivent faire ceci : garder bien nettement à l'esprit la question précise en cause, la garder ainsi tout au long du discours en n'acceptant pas la moindre altération dans les termes, ni par addition, ni par soustraction, ni par substitution d'un terme à un autre. Ceci, chacun peut le faire quand il le veut et celui qui ne le veut pas souhaite seulement faire de son entendement le débarras des affaires d'autrui, par quoi je veux dire les raisonnements faux ou non concluants ; il ne veut pas en faire une réserve de vérité pour son propre usage, réserve qui lui sera bien utile à l'occasion. Que de cette manière il traite convenablement son entendement et le conduise correctement, je lui laisse le soin d'en décider lui-même.

§ 43. Des vérités fondamentales

L'esprit de l'homme étant étroit et peu rapide à connaître les choses et à emmagasiner de nouvelles vérités, personne n'est capable, même en vivant très longtemps, de connaître toutes les vérités. Aussi est-il sage, dans notre recherche du savoir, d'employer nos pensées sur les questions les plus fondamentales et les plus importantes[80], en évitant soigneusement toutes les insignifiantes et en ne nous laissant pas détourner de notre but principal par des questions purement accidentelles. Quel temps beaucoup de jeunes hommes ne passent-ils pas à des recherches logiques ? Ce n'est pas mieux que si quelqu'un, qui veut devenir peintre, passait tout son temps à examiner les fils de la toile sur laquelle il doit peindre et à compter tous les poils de tous les pinceaux qu'il va utiliser pour étendre ses couleurs. C'est même bien pis : un jeune peintre qui passerait tout son temps d'apprentissage à de si

80. L'entendement humain est fini en capacité : on ne peut pas tout savoir, comme Locke le répète sans cesse (*cf.* notes 22, 37, 42, 52). Aussi importe-t-il de ne pas se perdre dans des vérités non fondamentales ou dans des vérités triviales. Par vérités non fondamentales, on peut entendre des vérités dérivées, ne jouant pas comme principes pour d'autres connaissances, des vérités trop particulières : l'appel *a contrario* à l'exemple de la découverte newtonienne va dans le sens de cette interprétation. Si toute connaissance commence par l'appréhension de particuliers, il ne peut y avoir connaissance véritable que par passage à la généralisation ; les vérités particulières ne sont donc qu'un point de départ. S'il y a chez Locke une défiance envers les principes ou maximes purement formels, les propositions générales gardent toute leur valeur. Aussi Locke peut-il sans contradiction s'en prendre aussi aux vérités triviales ou à ce qu'il appelle les propositions frivoles (*Essai*, 4-8). Sous ce terme, Locke regroupe les propositions identiques où un terme est attribué à lui-même (4-8-2), les propositions où une partie de l'idée complexe est attribuée au tout de l'idée (« le plomb est un métal », 4-8-4) ; de telles propositions sont évidentes, elles fondent aussi « en un certain sens » la connaissance dans la mesure où toute connaissance repose sur l'identification des idées semblables et la distinction de celles qui sont différentes (*ibid.*, 4-8-3), mais c'est se jouer que de prétendre qu'il y a là une connaissance ; elles servent tout au plus à apprendre le sens des mots. On peut donc dire que les vérités non fondamentales comprennent, outre les vérités particulières, les vérités frivoles ou triviales. Ce qui explique pourquoi Locke unit ici une charge contre la logique scolastique et un éloge des propositions générales fécondes.

remarquables subtilités, à la fin de toutes ces choses pour rien, découvrirait que ce n'est pas de la peinture et que ça n'a finalement aucun intérêt; tandis que ceux dont on entend faire des savants ont souvent la tête si remplie et si échauffée par les disputes logiques qu'ils prennent ces inutiles et sonores notions pour du réel et solide savoir et estiment leur entendement si bien fourni en science qu'ils n'ont pas besoin d'aller voir plus loin dans la nature des choses ou de s'abaisser aux basses besognes artisanales de l'expérience et de la recherche. C'est un si mauvais usage de l'entendement, et ce, dans la voie prétendue vers le savoir; qu'on ne pouvait le passer sous silence; on lui pourrait ajouter l'abondance des questions et la manière d'en traiter dans les écoles. Il est impossible d'énumérer toutes les fautes dont est ou peut être coupable un homme à cet égard. Il suffit d'avoir montré que les découvertes superficielles et légères, les remarques de cette farine qui ne contiennent rien d'important en elles-mêmes et ne servent pas de clefs pour conduire à un savoir nouveau ne valent pas la peine qu'on les cherche.

Il y a des vérités fondamentales qui servent de base à beaucoup d'autres et font leur solidité. Ce sont des vérités fécondes, riches en ressources dont elles fournissent l'esprit et qui, comme les lumières du ciel, ne sont pas seulement belles et intéressantes en elles-mêmes mais donnent lumière et évidence aux choses qui, sans elles, ne pourraient ni être vues ni être connues. Telle est l'admirable découverte de M. Newton que tous les corps gravitent les uns autour des autres, vérité qui peut être considérée comme la base de toute la philosophie naturelle : à l'étonnement du monde savant, il a montré de quelle importance elle était pour comprendre le système solaire dans son entier, et on ne sait pas encore où elle pourrait nous mener dans la connaissance d'autres choses, si l'on s'y prend bien [81]. Dans le gouvernement de la société humaine, la grande règle de notre Sauveur : « Aimez votre prochain comme vous-même » est, elle aussi, une vérité fondamentale de la même sorte : il me semble qu'avec cette seule règle on pourrait sans difficulté trancher tous les cas et faire cesser tous les doutes dans la moralité civile. Ce sont des vérités comme celles-ci que nous devrions tenter de trouver et de mettre dans notre esprit ; ce qui me conduit à une autre considération touchant à la conduite de notre entendement.

§ 44. DE LA NÉCESSITÉ D'ALLER AU FOND DES QUESTIONS

Nous devons nous habituer à aller chercher et trouver à propos de chaque question ce qu'il y a au fond. La plupart des difficultés qui se mettent sur notre chemin, quand on les considère bien et qu'on en examine bien la direction, conduisent à une proposition qui, une fois connue comme vraie, clarifie les doutes et donne une solution facile à la question. En revanche, les arguments par les lieux et les arguments superficiels, dont il y a profusion des deux côtés de la question, ces arguments qui remplissent la tête d'une variété de pensées et la bouche de

81. La *Conduite de l'Entendement* semble avoir été écrite en 1697. La découverte newtonienne remonte aux années 1665-1666. Les *Philosophiae naturalis Principia Mathematica* parurent en 1687, soit environ deux ans avant l'*Essai*. Locke manifeste à la fois un sentiment net de l'importance de la découverte newtonienne et une certaine prudence due au manque de recul. Déjà, dans la *Conduite de l'Entendement*, l'éloge prend de l'ampleur puisque les principes de Newton sont reconnus comme base de la philosophie naturelle, alors que dans l'*Essai* (en 4-7-11 ; au demeurant la section a été introduite dans la deuxième édition en 1964) il était question d'un grand pas dans la connaissance mathématique. Comme Locke le dit dans la *Conduite de l'Entendement*, on ne sait pas encore jusqu'où cette découverte pourrait nous mener.

discours copieux, ne servent qu'à amuser l'entendement et à entretenir la compagnie sans jamais aboutir au fond d'une question, qui est la seule place de repos et de stabilité pour un esprit de recherche et dont la seule tendance va vers la vérité et le savoir.

Par exemple, si on se demande si un grand seigneur peut légitimement prendre ce qu'il veut à son peuple, la question ne peut être résolue sans qu'on parvienne à une certitude touchant l'égalité naturelle des hommes ; car c'est de cette question qu'il retourne ; cette vérité, une fois bien installée dans l'entendement et gardée à l'esprit tout au long des différents débats concernant les différents droits des hommes en société, permettra de faire un grand pas dans leur solution définitive, en montrant de quel côté est le vrai.

§ 45. DE L'ORIENTATION DES PENSÉES

Il n'y a probablement rien de plus essentiel pour l'amélioration du savoir, les facilités de la vie et la prompte exécution des affaires que de pouvoir disposer de ses pensées ; et il n'y a probablement rien de plus difficile dans toute l'entreprise de conduire son entendement que de parvenir à une pleine maîtrise à cet égard. Chez l'homme à l'état de veille, l'esprit a toujours un objet auquel il s'applique, et quand nous sommes inattentifs ou indifférents, nous pouvons aisément changer cet objet et, à notre gré, orienter nos pensées sur un autre et, de là, vers un troisième qui n'a pas de relation avec l'un des précédents [82]. D'où les hommes concluent témérairement que rien

---

82. Le thème de l'orientation ou de la direction de la pensée est inséparable de celui de l'association des idées : c'est parce que nos idées se succèdent spontanément les unes aux autres que l'orientation est difficile. Il y a une labilité de

n'est plus libre que la pensée, ce qui serait un bien, s'il en était effectivement ainsi ; mais on trouvera dans bien des cas que c'est le contraire qui est vrai et il y a bien des cas où il n'y a rien de plus opiniâtre et de plus ingouvernable que nos pensées : on ne les dirigera point vers l'objet que l'on veut poursuivre et on ne les détachera pas de ceux sur lesquels elles se sont fixées ; elles s'envolent en quelque sorte avec cet objet, entraînant l'homme avec elles, quoi que celui-ci puisse faire.

Je ne mentionnerai pas ici de nouveau ce que j'ai remarqué ci-dessus, à savoir combien il est difficile pour un esprit rétréci par une habitude de trente ou quarante années à s'en tenir à une maigre collection d'idées évidentes et communes, de chercher à élargir sa réserve et à se familiariser avec celles qui lui apporteraient matière à plus utile contemplation. Ce n'est pas de cela que je parle ici. L'inconvénient que je veux exposer et auquel je veux trouver un remède est celui qui consiste dans la

l'attention que l'on ne doit pas confondre avec une liberté. Mais plus profondément, quand on veut orienter ses pensées, cette labilité offre une résistance et constitue ainsi une rigidité dissimulée de l'esprit. Locke recense trois causes de cette rigidité : la passion, l'échauffement spontané de l'esprit une fois qu'il est en train, la rumination mentale. Contre la passion, le mieux est d'opposer le seul souci de l'évidence, mais tous n'y peuvent parvenir puisque l'homme est un être de passion, aussi peut-on simplement opposer une passion plus modérée à une autre. Aux échauffements spontanés de la pensée dans sa propre marche, il faut répondre par une gymnastique qui trouble et remette sur de nouveaux chemins l'entendement. À la rumination mentale il faut répondre par l'attention et le travail. On notera l'intérêt de Locke pour les états de rêverie, pour les visions, voire les hallucinations. Un très intéressant texte de 1678, relevé dans les journaux de Locke par *Lord King* (t. II, p. 170), examine la folie à partir de l'imagination : l'imagination est reproduction des idées avec une vivacité nouvelle dépendant entièrement de l'arbitraire de l'esprit ; la folie n'est pas du tout manque de raison mais raisonnement à partir de l'imagination ; les fous ne règlent pas leurs raisonnements d'après leur mémoire, c'est-à-dire d'après la considération de la réalité mais d'après la fantaisie de l'imagination ; *cf.* aussi note 29.

difficulté à quelquefois diriger notre esprit d'un objet à un autre quand les idées en sont également familières.

Les sujets qui sont recommandés à nos pensées par une passion prennent possession de notre esprit avec une sorte d'autorité : on ne les tient pas au dehors et on ne les déloge pas ; tout se passe comme si la passion qui dirige était, à ce moment, le shérif de la place et venait avec la force publique : l'entendement est pris et emporté par l'objet que la passion introduit, comme si cet objet avait un véritable droit à être seul considéré. Je crois qu'il n'y a pratiquement personne, même du tempérament. le plus calme, qui n'a pas un jour éprouvé cette tyrannie et souffert de cet inconvénient. Qui y a-t-il dont l'esprit n'a pas, à un moment ou à un autre, sous l'effet de l'amour ou de la colère, de la peur ou du chagrin, été entravé en quelque sorte si bien qu'il ne pouvait plus se tourner vers d'autres objectifs ? Je parle d'entrave, car c'est une situation où l'esprit est accroché par quelque chose qui empêche sa vigueur et son activité de s'exercer à la poursuite d'autres sujets d'examen ; et d'ailleurs, ceci ne l'avance pas beaucoup, sinon pas du tout, en ce qui concerne la connaissance de la chose ainsi embrassée et si absorbante. Les hommes pris de cette manière sont quasiment des possédés au pire sens du mot et se trouvent sous le pouvoir d'une sorte d'enchantement ; ils ne voient pas ce qui se passe sous leurs yeux, ils n'entendent pas les discours de la compagnie autour d'eux, et, quand en faisant force application, on parvient à les éveiller un peu, ils sont comme des hommes ramenés à eux-mêmes depuis quelque région éloignée, alors qu'en vérité ils ne reviennent pas de plus loin que leur cabinet secret où ils ont été entièrement absorbés par la marionnette qui, pour le moment, leur sert de divertissement. La honte que de telles humeurs donnent aux personnes bien élevées quand elles les rendent absentes d'une conversation où elles ont leur part montre suffisamment que c'est une faute dans la conduite de l'entendement de n'avoir pas sur lui ce pouvoir de le faire servir à ce qu'on veut et quand on a besoin de son assistance. L'esprit devrait toujours être libre et prêt à se tourner vers la diversité des objets qui interviennent, pour leur donner autant de considération qu'on estime nécessaire à ce moment. Etre absorbé par un objet qu'on ne puisse le quitter pour un autre que nous jugeons plus adapté à ce que nous examinons revient à rendre notre entendement inutile ; et si un tel état d'esprit demeurait, chacun n'aurait guère de scrupule à l'appeler folie complète ; durant toute la durée de ce phénomène et chaque fois qu'il se reproduit, une telle rumination de pensées sur le même objet ne nous fait pas avancer d'un pas sur le chemin du savoir : c'est comme si on montait sur un cheval de moulin, pendant qu'il tourne sur ses pas, pour faire un voyage.

J'accorde qu'il faut faire des concessions aux passions légitimes et aux inclinations naturelles. Chacun, outre ses affections occasionnelles, a des études qu'il aime bien et l'esprit, évidemment, s'y attache plus. Pourtant, il est préférable que l'esprit reste libre et à l'entière disposition de l'homme pour qu'il le dirige sur ce qu'il veut et comme il veut. Voilà ce que nous devrions essayer d'obtenir, à moins de nous accommoder d'un défaut de notre entendement, qui revient à être quelquefois comme si nous n'en avions point : car ce n'est guère mieux que de ne pas avoir d'entendement si nous ne pouvons pas nous en servir quand nous voulons et quand c'est nécessaire.

Mais, avant de pouvoir songer à des remèdes convenables, il nous faut connaître les diverses causes de cette maladie si l'on veut pouvoir orienter la cure et travailler avec des chances de succès.

Nous avons déjà montré une cause dont tous les hommes qui réfléchissent ont une connaissance générale quand ce n'est pas une expérience personnelle, ce qui fait que personne ne la met en doute. Une passion qui domine épingle en quelque sorte nos pensées à l'objet et à notre souci pour lui : un homme passionnément amoureux ne peut plus parvenir à penser à ses affaires quotidiennes, une tendre mère brisée par la perte d'un enfant ne peut plus participer aux conversations de la société ou à celles de ses amis.

Bien que la passion soit la cause la plus évidente et la plus générale, ce n'est pourtant pas la seule qui lie l'esprit et le confine un temps à la considération d'un seul objet dont il est impossible de le détacher.

Outre la passion, nous trouvons que l'entendement, une fois qu'il s'est employé sur un sujet que le hasard ou un accident lui a présenté, sans l'intérêt ou la recommandation d'aucune passion, s'échauffe tout seul et, progressivement, prend une course où, comme une pierre roulant d'une colline, il prend au fur et à mesure du mouvement, sans qu'on puisse l'arrêter ni le faire changer de chemin. Pourtant, quand la chaleur est passée, il s'aperçoit que toute cette application ardente portait sur une bagatelle qui ne valait pas une pensée, ni les peines perdues à cet effort.

Il y a une troisième cause, plus insignifiante encore, je veux parler d'une sorte d'enfantillage de l'esprit qui, durant l'accès, joue et cajole une marionnette sans avoir d'intention ni de but et sans que pourtant on puisse l'en détourner. Ainsi en est-il d'une phrase banale ou d'un fragment de poésie qui entre dans la tête et y fait un tel carillon qu'il n'y a pas moyen d'être tranquille, d'avoir la paix ni de faire attention à quoi que ce soit d'autre : cet hôte impertinent prend l'esprit, possède les pensées malgré toute tentative pour le déloger. J'ignore si tout le monde a éprouvé cette intrusion dérangeante d'idées qui n'arrêtent pas de bouger et ainsi importunent l'entendement et empêchent de le mieux employer; mais j'ai entendu des personnes de grand talent, et nombreuses, en parler et s'en plaindre. La raison de mon doute tient à ce que j'ai ouï dire d'un autre cas très proche de celui-ci, quoique plus bizarre : il s'agit des sortes de visions que certaines personnes ont quand elles restent tranquillement éveillées dans le noir ou les yeux fermés; il leur apparaît toute une série de visages en général très bizarres qui se succèdent : juste après en avoir vu un, ils le voient disparaître et laisser place à un autre qui s'efface à son tour au profit d'un autre; et ces visages se succèdent sans qu'on puisse en arrêter un : ils s'expulsent les uns les autres. Je me suis entretenu de ce phénomène fantastique avec plusieurs personnes, dont certaines l'ont expérimenté, et dont certaines autres étaient si peu au fait qu'elles avaient peine à croire à un tel cas. J'ai connu une dame d'un très bon esprit qui avait atteint la trentaine sans avoir la moindre idée d'une telle chose et qui, m'en entendant parler avec quelqu'un, avait peine à s'empêcher de croire que nous ne nous moquions pas d'elle, mais quelque temps après, ayant bu une grande quantité de thé (comme le lui avait ordonné son médecin) avant d'aller se coucher, elle éprouva – comme elle nous le dit à notre rencontre suivante – ce même phénomène dont notre discours avait eu beaucoup de peine à la persuader : elle avait vu une longue succession de visages; c'était tous des visages étrangers et nouveaux; ils venaient et partaient d'eux-mêmes, ils étaient insaisissables, quelque effort qu'elle fît pour les retenir; ils apparaissaient puis disparaissaient dans leur solennelle procession. Ce phénomène bizarre semble avoir une cause mécanique et dépendre de l'état et de la circulation du sang ou des esprits animaux.

Quand l'imagination est sous le pouvoir de la passion, je ne connais pas d'autre manière de rendre sa liberté à l'esprit pour poursuivre les pensées qu'on veut que de modérer la passion ou de la contrebalancer par une autre, ce qui est un art qu'on acquiert par l'étude et la connaissance des passions.

Ceux qui sont susceptibles d'être emportés par le courant de leurs propres pensées spontanément, sans être excités par une passion ou l'intérêt, doivent être très attentifs dans tous les cas à l'arrêter net et à ne pas laisser leur esprit s'occuper ainsi à des choses triviales. Les hommes connaissent le prix de leur liberté corporelle, c'est pourquoi ils ne supportent pas de bon cœur qu'on leur mette entraves ou chaînes. Mais avoir l'esprit en captivité, dans l'instant où c'est le cas, est certainement des deux maux le pire : aussi devons-nous tous nos soucis et tous nos soins à la meilleure partie de nous-même. Alors nos efforts, ne seront pas perdus : la lutte prévaudra si en toute occasion nous y recourons. Il ne faut jamais se laisser aller à ces égarements de l'attention dans le banal : dès que nous nous apercevons que l'esprit s'occupe d'un rien, il nous faut le troubler et le contrôler, faire place à des considérations nouvelles et plus sérieuses et ne pas relâcher son effort tant qu'on ne l'a pas tiré de son égarement. Au début, si nous avons laissé la manière contraire devenir une habitude, ceci sera difficile mais des tentatives constantes finiront par prévaloir et à la fin ce sera facile. Quand un homme est avancé à cet égard et peut commander son esprit, le soustraire aux écarts involontaires, il peut être bon d'aller plus loin et de tenter des méditations de plus grande importance pour avoir finalement plein pouvoir sur son esprit de manière à pouvoir le faire passer d'un sujet à un autre avec la même facilité qu'on a pour laisser un objet et en prendre un autre. Cette liberté de l'esprit est de grande utilité à la fois dans le travail et dans l'étude et celui qui l'a n'en tirera pas un mince avantage en facilité et en rapidité en tout ce qui regarde l'emploi de son entendement.

Quant à la troisième et dernière manière qu'a l'esprit de se laisser emporter, je veux dire la rumination et le carillonnage de mots ou de phrases dans la mémoire, comme s'ils faisaient du bruit dans la tête, cela n'arrive jamais que lorsque l'esprit est paresseux, très relâché et négligemment employé. Il serait, bien sûr, préférable d'échapper à ces répétitions inutiles et impertinentes : n'importe quelle idée triviale, errant à l'aventure dans l'esprit est plus utile et plus apte à suggérer quelque chose qui vaille la peine, plutôt que ce ronflement de sons purement vides ; mais comme le simple éveil de l'esprit et la simple marche de l'entendement avec un peu de vigueur libèrent de ces compagnons importuns, il peut être bon, chaque fois qu'ils nous troublent, de recourir à un remède aussi profitable et qui est toujours à portée de la main.

TABLE DES MATIÈRES

Imprimerie de la Manutention à Mayenne – Novembre 2008 – N° 333-08
Dépôt légal : 4ᵉ trimestre 2008

Imprimé en France